Dirk Witt, Ulrike Stolz & Lynn-Sven Kohl

Lernwerkstatt Deutschland

Teilung und Wiedervereinigung

Infotexte / Hintergründe / Aufgaben
Sinnerfassendes Lesen / Mit Lösungen

Lernen mit Erfolg
KOHL VERLAG
Der Verlag mit dem Baum
www.kohlverlag.de

Lernwerkstatt
„Deutschland – Teilung und Wiedervereinigung"

2. Auflage 2013

Inhalt: Dirk Witt, Ulrike Stolz & Lynn-Sven Kohl
Grafik & Satz: Kohl-Verlag
Druck: Medienzentrum Süd, Köln

Bestell-Nr. 10 852

ISBN: 978-3-86632-852-5

Inhalt

Lernwerkstatt
„Deutschland - Teilung und Wiedervereinigung" - Bestell-Nr. 10 852
KOHL VERLAG Der Verlag mit dem Baum
www.kohlverlag.de

Vorwort

Vorwort und Hinweise für den Lehrer

Das Thema „Deutschland - Teilung und Wiedervereinigung“ ist eines der interessantesten Kapitel in der deutschen und europäischen Geschichte. Die wichtigsten Themen, die für einen genauen Einblick in die Zeit zwischen dem Zweiten Weltkrieg und der deutsch-deutschen Wiedervereinigung benötigt werden, finden sich in diesem Band.

In den Aufgabenstellungen sind neben Wissensabfragen und Verständniskontrollen jede Menge Anregungen für Partner- und Gruppenarbeiten enthalten (z.B. Forschungen, Präsentationen und Diskussionsrunden).

Das vorliegende Material lässt sich auf vielfältige Art und Weise einsetzen. So ist auch ein Stationenlernen mit den einzelnen Kapiteln gut durchführbar. Die Lernstationen bilden sich aus den einzelnen Kapiteln. Diese können die Schülerinnen und Schüler ganz nach Belieben bearbeiten und die gesammelten Arbeitsblätter, Materialien und Ergebnisse zu einem eigenen Ordner zusammenfügen.

Gerade zum Jubiläum der Wiedervereinigung kann dies einen bleibenden Eindruck bei den Schülerinnen und Schülern hinterlassen.

Sollte es Ihnen möglich sein, stellen Sie Ihren Schülerinnen und Schülern geeignetes Buchmaterial, Lexika oder das Internet zur Verfügung, so haben die Schülerinnen und Schüler mehrere Möglichkeiten, ihre Nachforschungen intensiv zu betreiben.

Die folgenden Ideen können Ihren Unterricht mit dieser Lernwerkstatt noch sinnvoll ergänzen:

- Eine Kunst-Station: Hier gibt es zahlreiche Ideen (z.B. das Gestalten eines Stückes Berliner Mauer, zwei Zeichnungen mit den Titeln „Das Alltagsleben in der Bundesrepublik Deutschland“ und „Das Alltagsleben in der DDR“, das Thema Freiheit auch im Geiste, das Thema „STASI - Lauscher an der Wand“ oder die Sichtweise eines DDR-Bürgers unter dem Motto „Mein Reisetraum“)
- Ein politischer Ausflug in die anderen Ostblockstaaten und deren Umgang mit dem Kommunismus.
- Die Geschichte des Kalten Krieges und damit hervorgerufene Idole (z.B. James Bond 007)
- Die Tagebucheinträge einer getrennten Familie.
- Gedanken eines Spitzels/eines Bespitzelten der STASI
- Kurze Spielszenen, in denen Gefühle und Gedanken beim Mauerfall ausgedrückt werden.
- Präsentationen und Referate (z.B. in Partner- oder Gruppenarbeit) über: Michail Gorbatschow, Helmut Kohl, Erich Honecker, Walter Ulbricht, die Aufteilung Berlins in Sektoren, die Besatzungszonen, die Einsicht in die Stasiakten, Familientrennung und -zusammenführung u.v.m.

Wir wünschen Ihnen viel Freude und Erfolg mit der vorliegenden Lernwerkstatt!

Der Kohl-Verlag und

Dirk Witt, Ulrike Stolz & Lynn-Sven Kohl

Bedeutung der Symbole:

EA **Einzelarbeit**

PA **Partnerarbeit**

Arbeiten in kleinen Gruppen

Arbeiten mit der ganzen Gruppe

Lernwerkstatt „Deutschland - Teilung und Wiedervereinigung“ - Bestell-Nr. 10 852
www.kohlverlag.de

I. Die Stunde Null

Wurde Deutschland befreit oder besiegt?

8. Mai 1945. Die deutsche Wehrmachtführung unterschreibt die bedingungslose Kapitulation. Deutschland ist besiegt oder befreit worden – so unterschiedlich denken die Deutschen in dieser Zeit. Viel Zeit zum Nachdenken bleibt ihnen jedoch nicht. Der alltägliche Kampf um Kleidung, Essen und Obdach muss ausgetragen werden. Die gesamte zerstörerische Wucht des Krieges tobte in den letzten Kriegsmonaten in Deutschland und zerstörte das Land ebenso wie zuvor ganz Europa.

Viele lebensnotwendige Einrichtungen waren zusammengebrochen. Verkehrs- und Transporteinrichtungen waren zerstört, Eisenbahnstrecken und Straßenwege waren nur noch in den seltensten Fällen intakt. Behörden und Verwaltungen arbeiteten nicht mehr und hatten sich aufgelöst.

Die Menschen lebten in den zerstörten Städten in feuchten Kellern bzw. in Wohnungen, deren Außenwände nicht mehr vorhanden waren. Strom, Wasser und Gas gab es nur selten. Tagsüber waren die meisten Deutschen auf der Suche nach Nahrung oder vermissten Familienangehörigen. Die siegreichen Soldaten, die Deutschland zu dieser Zeit besetzt haben, fanden Deutsche vor, die unterwürfig, apathisch und hoffnungslos ihren Alltag zu meistern versuchten. Die glühenden und fanatischen Hitleranhänger, die sie erwarteten, waren nicht mehr zu finden. Mit Mitleid konnte niemand der Deutschen rechnen. Zu furchtbar waren die Verbrechen, die im Namen der „Herrenmenschen" begangen wurden. Das ganze Ausmaß wurde bei der Befreiung der Konzentrationslager sichtbar.

Zerstörtes Dresden 1945

Die Situation wurde durch die riesigen, täglich ankommenden Flüchtlingsströme aus dem Osten weiter verschärft. Millionen Deutsche aus den Ostgebieten kamen ausgehungert und ohne jegliches Eigentum in das Gebiet des heutigen Deutschlands. Es war dringend nötig, dass sich bald etwas änderte, sonst drohten Hungerkatastrophen, Krankheiten und unendliches Leid die Bevölkerung dahinzuraffen.

Heute bezeichnet man diese Situation nach Kriegsende mit all ihrem Leid und Elend als die „Stunde Null". Man wollte jetzt neu beginnen und das Alte für immer abschließen. Doch konnte man das so einfach?

Die Siegermächte (USA, Sowjetunion, Großbritannien und Frankreich) übernahmen die Organisation und Verwaltung in Deutschland. Dazu wurde das Land in vier Besatzungszonen geteilt. Unzerstörte Wohnungen und Häuser wurden beschlagnahmt und für die Miltärverwaltung genutzt. Die Siegermächte richteten sich ein. Spätestens jetzt wurde klar, die Sieger werden lange bleiben. Um die dringendsten Probleme zu lösen, waren sie jedoch auf die Hilfe von Deutschen angewiesen. Dazu setzte man politisch unbelastete Frauen und Männer ein. Sie fungierten als Hilfskräfte, wurden Bürgermeister oder Landräte. Eins jedoch war klar: Die absolute Befehlsgewalt blieb bei den Siegermächten.

In der „Berliner Deklaration", unterschrieben von den vier höchsten Militärbefehlshabern der Siegermächte, wurde dieser Anspruch nochmals zementiert. Deutschland stand eine grundlegende Entmilitarisierung bevor. Naziführern und Kriegsverbrechern drohte die Verhaftung. Sämtliche Hoheitsrechte von Deutschland wurden ab sofort in Washington, Moskau, London und Paris entschieden. Der Alliierte Kontrollrat übernahm am 30. Juli 1945 die Regierungsgeschäfte. In diesem Kontrollrat saßen die obersten Militärbefehlshaber, die einerseits die Angelegenheiten in „ihrer Besatzungszone" regelten, andererseits die Entscheidungen für Gesamtdeutschland einstimmig trafen. Im Laufe der Jahre stellte sich heraus, dass diese Zusammenarbeit der Siegermächte durch konkurrierende Vorstellungen misslang. Am 20. März 1948 kam es zum endgültigen Eklat. Die Vertreter der Sowjetunion verließen den Kontrollrat. Der „Kalte Krieg" zeigte seine ersten Auswirkungen, die auch für Deutschland nicht folgenlos blieben.

I. Die Stunde Null

EA

Aufgabe 1: *Die Einen sagen: „Deutschland wurde besiegt“, die Anderen behaupten: „Deutschland wurde befreit“. Erkläre, warum die Deutschen so unterschiedlich denken!*

EA

Aufgabe 2: *Mit welchen Schwierigkeiten hatte die deutsche Bevölkerung nach Kriegsende zu kämpfen? Zähle mindestens fünf Stichpunkte auf!*

-
-
-
-
-

EA

Aufgabe 3: *Warum verschärften die Flüchtlingsströme vorwiegend aus dem Osten die Situation im besetzten Deutschland noch zusätzlich? Schreibe auf die Blattrückseite oder in dein Heft/in deinen Ordner!*

I. Die Stunde Null

EA

Aufgabe 4: *Betrachte die Karte aufmerksam! Sie zeigt die Aufteilung Deutschlands in die vier Besatzungszonen.*

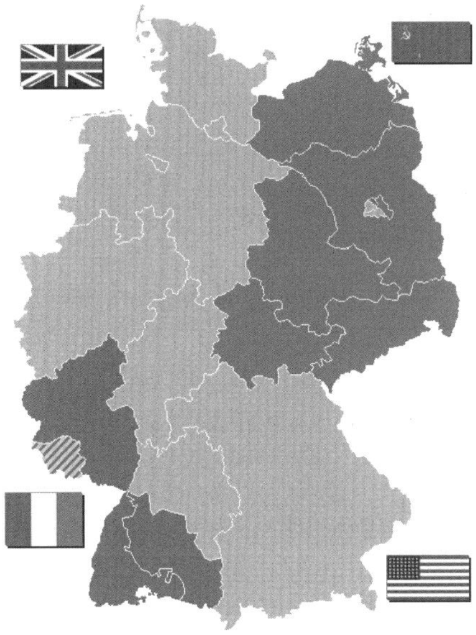

a) Welche Schwierigkeit entwickelte sich dadurch, dass Deutschland von vier Siegermächten regiert wurde?

____

____

____

b) Wieso wurde sogar die Stadt Berlin in vier Sektoren aufgeteilt?

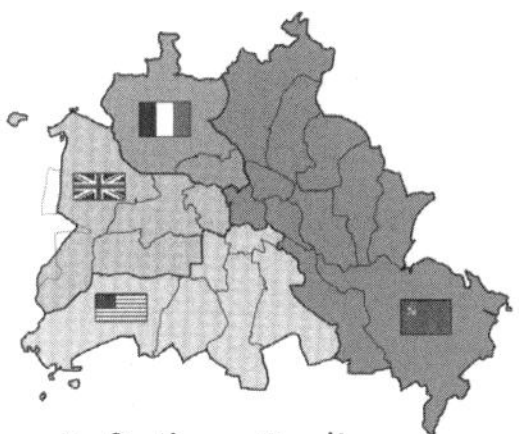

Aufteilung Berlins

____

____

____

Aufgabe 5: *Die Siegermächte waren nicht in der Lage, alle Probleme des zerstörten Landes zu regeln. Wie lösten sie dieses Dilemma?*

____

____

PA

Aufgabe 6: *Familie Vollmer aus Berlin hatte das Glück, im Krieg nicht ausgebombt worden zu sein. Obwohl zahlreiche Nachbargebäude inmitten der Stadt zerstört worden waren, blieb ihr Haus unbeschädigt stehen. Im Herbst 1945 mussten sie ihre Wohnung trotzdem verlassen. Habt ihr eine Erklärung, warum?*

____

____

____

GA

Aufgabe 7: *Recherchiert, was man unter dem Begriff „Kalter Krieg“ versteht! Sammelt die wichtigsten Informationen zusammen und verfasst eine kurze Erklärung!*

Lernwerkstatt „Deutschland - Teilung und Wiedervereinigung“ - Bestell-Nr. 10 852
KOHL VERLAG Der Verlag mit dem Baum
www.kohlverlag.de

II. Besatzungszonen und politischer Neubeginn

Gegensätzliche Entwicklungen

Die Einrichtung von Besatzungszonen und deren militärische sowie zivile Verwaltung wurden bereits im Februar 1945 in Jalta beschlossen. Demnach erhielten die Russen Ostdeutschland, die Amerikaner Südwestdeutschland, die Engländer verwalteten Nordwestdeutschland und die Franzosen erhielten Teile von Westdeutschland. Berlin als ehemalige Hauptstadt wurde unter allen aufgeteilt. So entstanden in Berlin die Sektoren unter britischer, französischer, amerikanischer und sowjetischer Besatzung. Innerhalb der Besatzungszonen bildeten die Militärregierungen deutsche Länder, zum Teil auch unter Beibehaltung alter Ländergrenzen, deren Verwaltung mit Deutschen beauftragt wurde.

Aber diese Ebene der Verwaltung spielte im alltäglichen Leben kaum eine Rolle. Für die Menschen ausschlaggebend war die örtliche Militärregierung. Sie erteilte Befehle, setzte Deutsche in die Verwaltung ein und entließ diese bei Nichtgefallen auch wieder. Überwiegend wurden Menschen mit Verwaltungsaufgaben beauftragt, die auf so genannten „Weißen Listen" während des Krieges geführt wurden. Sie bestanden aus Hitlergegnern und Demokraten. Dieser Prozess wurde bereits auf dem Potsdamer Abkommen am 2. August 1945 festgelegt. Er sah eine dezentrale und lokale Selbstverwaltung und politische Engagementmöglichkeiten für Deutsche vor.

Konrad Adenauer

Einzig in der sowjetischen Besatzungszone setzte man fast ausschließlich auf Kommunisten, die in der Sowjetunion während des Krieges geschult wurden. So wurde die „Gruppe Ulbricht" in Berlin eingesetzt. Walter Ulbricht wurde in der späteren Zeit Staatsratvorsitzender der DDR und war maßgeblich an der Errichtung der kommunistischen Diktatur beteiligt.

In allen vier Besatzungszonen begannen sich auf lokaler Ebene die ersten Menschen wieder politisch zu engagieren und Parteien zu gründen. Dazu mussten diese der jeweiligen Besatzungsmacht ihre Ziele, die Finanzierung sowie viele weitere Fragen beantworten, um eine Gründungslizenz zu erhalten. Als erste Parteien etablierten sich die KPD und SPD, die ja 1933 verboten wurden, aber noch über genügend Anhänger verfügten. Hinzu kamen zwei Parteien, die sich auf den christlichen Glauben und den sozialen Ausgleich beriefen. Die CDU und die CSU bildeten ein Sammelbecken für bürgerlich gesinnte Deutsche. Ihr wichtigster Vertreter dieser Zeit war Konrad Adenauer. 1948 gründeten Liberale in Deutschland unter Vorsitz von Theodor Heuss die FDP. Deren Anhänger hatten sich bereits ab 1945 in mehreren Ländern zusammengefunden.

EA

Aufgabe 1: **a)** *Warum war es wichtig, das öffentliche Leben innerhalb Deutschlands recht schnell wieder in Gang zu bringen?*

____

____

b) *Erkläre, was die „Weiße Liste" war und welche Bedeutung sie für die Militärregierung der Besatzer nach Kriegsende hatte!*

____

____

____

KOHL VERLAG Der Verlag mit dem Baum
www.kohlverlag.de
Lernwerkstatt
„Deutschland - Teilung und Wiedervereinigung" - Bestell-Nr. 10 852

II. Besatzungszonen und politischer Neubeginn

Die Kommunistische Partei im Ostteil Deutschlands genoss die entschlossene Unterstützung der Sowjetregierung. Die Kommunisten strebten eine Vereinigung aller Sozialdemokraten und Kommunisten in einer Partei an. Durch politischen Druck, weniger durch Überzeugung, kam es in der sowjetischen Zone 1946 somit zum Zusammenschluss der Sozialdemokratie und der Kommunisten zu einer gemeinsamen Partei, der Sozialistischen Einheitspartei Deutschland (SED). In den westlichen Besatzungszonen lehnten die Sozialdemokraten diesen Zusammenschluss fast einstimmig ab und gingen auf klaren Abgrenzungskurs gegenüber den Kommunisten. Besonders Kurt Schumacher engagierte sich für einen strikten antikommunistischen Kurs.

Mit der Bildung der politischen Parteien setzte die Diskussion über den richtigen wirtschaftlichen Weg in Deutschland ein. Zwei konkurrierende Vorstellungen existierten. Auf der einen Seite gab es viele Vertreter, die für eine Verstaatlichung wichtiger Industriezweige eintraten. Es war deren logische Lehre aus den Erfahrungen des Nationalsozialismus. Als Vertreter sind hier insbesondere die Kommunisten und große Teile der Sozialdemokratie zu nennen. Die andere Seite trat klar für Privateigentum ein. Es entstand im Laufe der Zeit das Konzept der Sozialen Marktwirtschaft auf Seiten der CDU und CSU unter Ludwig Erhard. Diese politischen Vorstellungen konnten 1949 in den Westsektoren bei den Wahlen die Mehrheit erreichen und wurden im Gegensatz zu dem planwirtschaftlichen, sozialistischen Ansatz in der Sowjetzone erfolgreich verwirklicht.

EA

Aufgabe 2: **a)** *Ordne die einzelnen Personengruppen den Besatzern zu, wie sie von diesen für die Verwaltung der Militärregierung eingesetzt wurden (Mehrfachzuordnungen sind möglich)!*

Demokraten | **Kommunisten** | **Hitlergegner**

Frankreich | Großbritannien | Vereinigte Staaten | Sowjetunion

b) *Was fällt dir auf?*

____

____

____

EA

Aufgabe 3: *Wie standen die „westlichen" Sozialdemokraten der SED gegenüber?*

____

____

____

KOHL VERLAG Der Verlag mit dem Baum www.kohlverlag.de
Lernwerkstatt „Deutschland - Teilung und Wiedervereinigung" - Bestell-Nr. 10 852

II. Besatzungszonen und politischer Neubeginn

PA

Aufgabe 4: **a)** *Welche gegensätzlichen Wirtschaftsmodelle existierten in den beiden deutschen Blöcken? Erklärt, benutzt dazu folgende Begriffe!*

Verstaatlichung wichtiger Industriezweige – planwirtschaftlich-sozialer Ansatz – logische Folge aus den Erfahrungen des Nationalsozialismus – Kommunisten und Teile der Sozialdemokraten – Privateigentum – Soziale Marktwirtschaft – CDU und CSU – westliche Besatzungszonen

b) *Erläutert, welche Vor- und Nachteile beide Wirtschaftsmodelle haben könnten!*

Soziale Marktwirtschaft		Sozialistische Planwirtschaft	
Pro	Contra	Pro	Contra

PA

Aufgabe 5: **a)** *Trage für die Abkürzungen die ausführlichen Parteinamen ein! Schreibt auf die Blattrückseite oder ins Heft/in den Ordner!*

KPD • SPD • CDU • CSU • FDP • SED

b) *Was wisst ihr über die jeweilige Partei? Recherchiert im Lexikon oder im Internet und sammelt die wichtigsten Eckpunkte knapp zusammen!*

Lernwerkstatt „Deutschland - Teilung und Wiedervereinigung“ - Bestell-Nr. 10 852
KOHL VERLAG Der Verlag mit dem Baum www.kohlverlag.de

III. Suche und Bestrafung von Schuldigen

Der Prozess der Entnazifizierung

Noch während des 2. Weltkrieges einigten sich die Alliierten darauf, dass die Hauptschuldigen der deutschen Diktatur und des Krieges zur Rechenschaft gezogen werden sollten. Bereits im November 1945 begann der Internationale Militärgerichtshof seine Anklagepunkte zu verlesen. Dieser tagte symbolhaft in der Stadt Nürnberg, wo Jahre zuvor Adolf Hitler sich jährlich feiern ließ. Die vorsitzenden Richter waren jeweils Militärs der vier Siegermächte. Die Anklagepunkte lauteten: Verschwörung gegen den Frieden, Verbrechen gegen den Frieden, Kriegsverbrechen und Verbrechen gegen die Menschlichkeit. Auf der Anklagebank saßen 22 führende Nationalsozialisten, unter ihnen Hermann Göring, Rudolf Heß, Joachim von Rippentrop, Wilhelm Keitel sowie Julius Streicher. Zusätzlich wurden noch sechs Organisationen angeklagt. Die deutsche Reichsregierung, die NSDAP, die SS, die Geheime Staatspolizei, die SA, der Generalstab sowie das Oberkommando der Wehrmacht.

Angeklagte in den Nürnberger Prozessen

In 42 dicken Dokumentationsbänden wurden zahlreiche belastende Beweise gesammelt und auch der Weltöffentlichkeit kundgetan. Insbesondere der Völkermord an den Juden wurde offen gelegt und rief weltweite Bestürzung hervor. Auch viele Deutsche waren über diese Ausmaße entsetzt.

Knapp ein Jahr später wurden die Urteile gesprochen und ausgeführt. 12 Angeklagte wurden zum Tode verurteilt, 7 Personen erhielten Haftstrafen von 10 Jahren bis lebenslänglich und drei Angeklagte wurden freigesprochen.

Durch die aufkommenden Unstimmigkeiten und Zerwürfnisse zwischen den Siegermächten wurde nach dem Hauptprozess kein weiterer gemeinsamer Militärgerichtshof errichtet. In jeder Besatzungszone schuf man eigene Gerichtshöfe und ging bei der Entnazifizierung sehr unterschiedliche Wege. Der Kalte Krieg zwischen den sich entwickelnden Systemen unter den Führungsmächten USA und Sowjetunion hinterließ erste Spuren.

In der sowjetischen Besatzungszone wurde die Entnazifizierung am konsequentesten und radikalsten durchgeführt. Fast 400 000 Menschen, ehemalige NSDAP-Mitglieder, wurden aus ihren Ämtern und Arbeitsverhältnissen entlassen und streckenweise inhaftiert. Diese Entnazifizierung nutze man aber auch, um Sozialdemokraten, Liberale und Konservative, die sich gegen eine russische Entwicklung einsetzten, mundtot zu machen. Riesige Inhaftierungslager entstanden, wo unsagbare Zustände herrschten. So sind 12 000 Menschen innerhalb von fünf Jahren umgekommen und in Massengräbern verscharrt worden. Durch dieses radikale Vorgehen fehlten dem Wiederaufbau aber zahlreiche Fachkräfte, wie Techniker, Verwaltungsbeamte und Ingenieure. So kam es ab 1947 zu einem Umsteuern und viele ehemalige Mitläufer wurden rehabilitiert.

EA

Aufgabe 1: *Was bedeutet die „Entnazifizierung"?*

____

____

____

III. Suche und Bestrafung von Schuldigen

EA

Aufgabe 2: *Warum war die Entnazifizierung für einen deutschen Neuanfang von entscheidender Bedeutung?*

GA

Aufgabe 3: *Durften die führenden Köpfe der Nationalsozialisten zum Tode verurteilt werden? Verstößt dies nicht gegen die Menschenrechte? Machen sich dadurch die Alliierten nicht auch selbst zu Schuldigen? Diskutiert in der Gruppe!*

In den westlichen Besatzungszonen begann man ebenfalls mit der Aufarbeitung der Gräueltaten und der Entnazifizierung. Insbesondere in der amerikanischen Zone wurde dieser Prozess engagiert geführt. Die Deutschen mussten einen Fragebogen mit 131 Fragen wahrheitsgemäß beantworten. Nach dessen Auswertung wurden sie in fünf Kategorien eingeteilt: Hauptschuldige, Belastete, Mitläufer, Minderbelastete sowie Entlastete. Wurde man in eine der ersten drei Kategorien eingestuft, musste man in Haft. Minderbelastete kamen mit einer Geldzahlung davon. Dieser Prozess stellte eine fast unlösbare Verwaltungsarbeit dar. Es waren nicht genügend Fachkräfte zur Auswertung vorhanden und die Internierungslager waren überfüllt. So kam es zu einer fatalen Entwicklung, die die Demokratisierungswünsche der Westmächte gefährdeten. Man verurteilte zunächst die „leichten“ Fälle und wollte die Hauptschuldigen später aburteilen. Ein Aufschrei ging durch die deutsche Bevölkerung. „Die Kleinen hängt man, die Großen lässt man laufen!“. Dieser Vorwurf verfestigte sich im Laufe der Zeit. 1948 ließ der Elan zur Verfolgung merklich nach, zu groß war die Verwaltungsaufgabe. Man wollte einen Schlussstrich ziehen. Schnellverfahren kamen zu fragwürdigen Entscheidungen und die wirklich Schuldigen „bewiesen“ ihre Unschuld mittels „Persilscheinen“, die sie sich käuflich erworben hatten.

In allen Besatzungszonen wurde der Prozess der Entnazifizierung zu dieser Zeit abgeschlossen. Man wollte wieder Normalität auf deutschem Boden.

Eine ehemalige „Adolf-Hitler-Straße“ erhält wieder ihren alten Namen.

KOHL VERLAG Der Verlag mit dem Baum www.kohlverlag.de

III. Suche und Bestrafung von Schuldigen

EA

Aufgabe 4: *Wie ging die Entnazifizierung im Osten vor sich?*

EA

Aufgabe 5: „Die Kleinen hängt man, die Großen lässt man laufen!“
Erläutere anhand der Nachkriegszeit, was mit dieser Aussage gemeint ist!

EA

Aufgabe 6: *Welche Probleme entstanden sowohl im West- als auch im Ostteil Deutschlands unter anderem dadurch, dass die Entnazifizierung anfangs mächtig vorangetrieben wurde?*

Im Osten ...

Im Westen ...

EA

Aufgabe 7:
a) *Was verstand man unter einem „Persilschein“?*
b) *Warum stellte man bereits Ende 1947 allmählich die Entnazifizierung wieder ein?*

Lernwerkstatt „Deutschland - Teilung und Wiedervereinigung“ - Bestell-Nr. 10 852
KOHL VERLAG Der Verlag mit dem Baum www.kohlverlag.de

IV. Alltagsleben in der Nachkriegszeit

Vertreibung und Aussiedlung

Bereits während des Krieges waren Millionen von Menschen auf der Flucht vor den Alliierten, insbesondere der sowjetischen Armee. Nach Kriegsende beschloss man die geregelte Aussiedlung von Deutschen aus den damaligen deutschen Ostgebieten – aus Polen, der Tschechoslowakei sowie Ungarn. Von geregelter Umsiedlung konnte aber nie die Rede sein. Nur das Notdürftigste in der Hand oder auf einem Karren zogen nahezu 12 Millionen Menschen in die deutschen Kerngebiete. Zahlreiche Verbrechen wurden aus dem Hass- und Rachegefühl vieler unterworfener Länder begangen. Man schätzt, dass dieser Flucht- und Vertreibungswelle ungefähr 2 Millionen Menschen zum Opfer gefallen sind.

Überlebten die Flüchtlinge diese Odyssee, waren sie trotzdem in den deutschen Städten und Dörfern nicht willkommen. Überall herrschte schon Hunger und Obdachlosigkeit, die durch den Zuzug von weiteren 8 Millionen Menschen in die Westzonen dramatisch anstiegen.

Trotzdem meisterte man letztlich diese Integrationsaufgabe in den kommenden Jahren. Dies ist eine herausragende Leistung und allen daran beteiligten Menschen hoch anzurechnen.

Kriegsvertriebene aus Ostpreußen

EA

Aufgabe 1: *Welche Erfahrung machten die Deutschen während ihrer Flucht in die übriggebliebenen deutschen Kerngebiete?*

EA

Aufgabe 2: *Wie sah die „geregelte“ Aussiedlung der 12 Millionen Menschen aus den deutschen Ostgebieten tatsächlich aus?*

KOHL VERLAG Der Verlag mit dem Baum www.kohlverlag.de
Lernwerkstatt „Deutschland - Teilung und Wiedervereinigung“ - Bestell-Nr. 10 852

IV. Alltagsleben in der Nachkriegszeit

PA

Aufgabe 3: *Was bedeutete es, dass die Flüchtlinge als „vogelfrei“ galten? Recherchiert und schreibt es hier auf!*

PA

Aufgabe 2: *Welche Situation fanden die Vertriebenen im Westen Deutschlands vor? Schreibt gemeinsam einen Brief eines Vertriebenen an einen Freund, in dem die Situation nach der Flucht beschrieben wird!*

Liebe(r) ...

GA

Aufgabe 5: *Forscht nach, ob es unter euren Vorfahren auch „Vertriebene“ nach dem Zweiten Weltkrieg gab! Berichtet in der Klasse!*

Lernwerkstatt
„Deutschland - Teilung und Wiedervereinigung“ - Bestell-Nr. 10 852
KOHL VERLAG
www.kohlverlag.de

IV. Alltagsleben in der Nachkriegszeit

Die Winterkrise 1946/1947

Das Nachkriegsdeutschland ist gekennzeichnet durch Hunger, Obdachlosigkeit, Orientierungslosigkeit, Trauer über die privaten Verluste sowie Zukunftsängste. All dies fand ihren traurigen Höhepunkt im Winter 1946/47.

Die Ernte dieses Jahres betrug aus unterschiedlichen Gründen nur 50-60 % der erwarteten Menge. Durch die Abtrennung von großen ehemals deutschen Ostgebieten konnte die Landwirtschaft nur etwa 35 % der benötigten Nahrung für die eigene Bevölkerung produzieren. Die Siegermächte waren ebenfalls nicht in der Lage und teilweise auch nicht bereit, die Deutschen auf Kosten der eigenen Bevölkerung zu unterstützen. Der alltägliche Hunger entwickelte sich zur Hungerkatastrophe. Noch problematischer war die Versorgung der Industrie und der Bevölkerung mit Kohle. Diese wurden zur Energie- und Wärmeherstellung benötigt, konnte aber nicht in ausreichender Menge abgebaut werden. Die dazu notwendigen Fachkräfte fehlten und die Maschinen zum Abbau waren veraltet oder zerstört. Hinzu kam, dass die abgebaute Kohle nur mittels großer Kraftanstrengungen verteilt werden konnte. Das gesamte Schienennetz in Deutschland wurde in den letzten Kriegsjahren zerstört. Durch den strengen Winter (bis zu minus 30 Grad) froren die noch funktionierenden Binnenhandelswege auf dem Wasser zu. Es kam zum Kollaps.

Untersuchungen zeigen, dass die Menschen in diesen Monaten ca. 1450 Kalorien täglich zum Leben hatten. Die vom Völkerbund empfohlene Menge betrug 3000 Kalorien!

EA

Aufgabe 6: *Welche Ursachen hatte die Winterkrise 1946/1947?*

PA

Aufgabe 7: *Welche Folgen kann Unterernährung haben? Forscht in Lexika oder im Internet nach. Notiert euch Stichpunkte!*

IV. Alltagsleben in der Nachkriegszeit

EA

Aufgabe 8: *Wieso war die Versorgung der Bevölkerung und Industrie mit Kohle so schwierig?*

EA

Aufgabe 9: *Wie hättest du versucht zu überleben, wenn du eine(r) der deutschen Flüchtlinge gewesen wärst? Schildere!*

PA

Aufgabe 10: *Schreibe in den Kasten Begriffe, die dir bei dem Wort „Krise“ einfallen. Tauscht eure Blätter gegenseitig aus und erklärt euch gegenseitig unklare Gedanken.*

KOHL VERLAG Der Verlag mit dem Baum
Lernwerkstatt
„Deutschland - Teilung und Wiedervereinigung“ - Bestell-Nr. 10 852
www.kohlverlag.de

IV. Alltagsleben in der Nachkriegszeit

Schwarzmarkt

Im Nachkriegsdeutschland existierten drei Währungen: die Reichsmark, die man als Lohn erhielt, das Besatzungsgeld sowie die Zigarette. War es schwer, mit den zwei erstgenannten Währungen etwas zu kaufen, bekam man für Zigaretten alles, aber nur auf dem Schwarzmarkt und zu völlig überhöhten Preisen. Deutschland lebte wie zu längst vergessenen Zeiten. Man tauschte Waren gegen Waren! Ein gesamtes Volk war immer unterwegs. Man tauschte seine letzten Habseligkeiten gegen Nahrung. Insbesondere in den Großstädten war tags wie nachts ständig „Leben" auf den Schwarzmärkten. Was für den einen Überlebenskampf bedeutet, bedeutet für den anderen Reichtum!

EA

Aufgabe 11: *Erkläre, was man unter dem Begriff „Schwarzmarkt" versteht!*

____

____

____

____

____

EA

Aufgabe 12: **a)** *Aus welchem Grund florierte eigentlich der Schwarzmarkt im Nachkriegsdeutschland?*

____

____

____

b) *Warum ist der Schwarzmarkt eigentlich verboten? Erkläre!*

____

____

____

GA

Aufgabe 13: *„Was für den einen Überlebenskampf bedeutet, bedeutet für den anderen Reichtum." Wie ist dieser Satz zu verstehen? Diskutiert!*

Lernwerkstatt „Deutschland - Teilung und Wiedervereinigung" - Bestell-Nr. 10 852
KOHL VERLAG Der Verlag mit dem Baum
www.kohlverlag.de

V. Deutschland auf dem Weg zur Teilung

Zwei Blöcke stehen sich gegenüber

Vier Jahre nach dem Kriegsende gab es keinen einheitlichen deutschen Staat mehr. Auf dem Gebiet der heutigen Bundesrepublik existierten zwei getrennte deutsche Länder. Erst 1990 wurde dieser unnatürliche Zustand, dass ein Volk in zwei verschiedenen Staaten lebt, mit der Wiedervereinigung aufgelöst. Wie aber kam es zur Teilung?

Schon in den letzten Kriegsmonaten wurde deutlich, dass die Alliierten unterschiedlichste Vorstellungen zur Deutschen Frage hatten. Gleichzeitig entfachte sich ein Zweikampf zwischen der USA und der Sowjetunion um den richtigen Weg (Demokratie oder Sozialismus), der in den Kalten Krieg mündete. Diese unterschiedlichen Auffassungen kamen in den einzelnen Besatzungszonen zum Tragen. So war der Weg in den Westzonen hin zur Demokratie ausgerichtet, in der sowjetischen Zone wollte man einen deutschen Staat nach dem Vorbild der Sowjetunion errichten. Winston Churchill wies bereits 1946 darauf hin, dass sich der „Eiserne Vorhang“ von Stettin bis Triest niederlässt und diese Entwicklung nichts Gutes verheißt.

In der östlichen Besatzungszone wurden die Mitglieder der kommunistischen Partei immens unterstützt und gefördert, politische Gegner mittels polizeilicher Repressalien unterdrückt. In wirtschaftlichen Fragen ging man den Weg der Verstaatlichung fast aller wirtschaftlichen Zweige und setzte auf das Konzept der Planwirtschaft.

Die Westmächte sahen dies mit großer Skepsis. Große Befürchtungen, dass die Sowjetunion ihren Einfluss auf ganz Deutschland ausweiten wolle und sich dieses Land ebenfalls „einverleiben“ möchte, war das zentrale Leitmotiv für viele Entscheidungen. So wurden die Bestrebungen vieler deutscher Parteien, die Schwerindustrie in den Westzonen ebenfalls zu verstaatlichen, von den USA verhindert. Des Weiteren bemühten sich die Amerikaner, die anhaltende wirtschaftliche Krise und die damit verbundene Armut schnellstmöglich zu verringern. Die Angst, dass die Deutschen sich den Ansichten und Vorstellungen des Sozialismus annähern und damit sympathisieren, drängten sie zum Handeln.

PA

Aufgabe 1: *Was zeigen die vier verschiedenen Karten? Schneidet sie aus und klebt sie auf ein separates Blatt! Ordnet den vier Karten die folgenden Begriffe zu und beschreibt, was zu sehen ist!*

vor 1939 – nach 1945 – zwischen 1949 bis 1990 – seit 1990

1

2

3

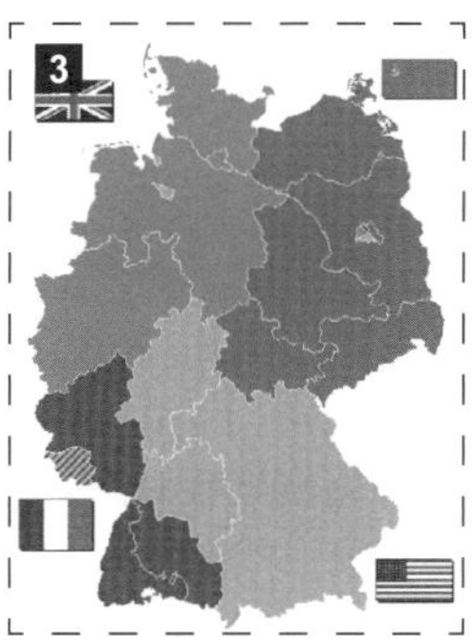

4

Lernwerkstatt „Deutschland - Teilung und Wiedervereinigung“ - Bestell-Nr. 10 852
KOHL VERLAG
www.kohlverlag.de

V. Deutschland auf dem Weg zur Teilung

EA

Aufgabe 2: *Welche politische Ausrichtung (Staatsform) hatten die jeweiligen Besatzer für die Zukunft „ihrer“ Besatzungszonen geplant?*

amerikanische Besatzungszone: ____________________

französische Besatzungszone: ____________________

sowjetische Besatzungszone: ____________________

britische Besatzungszone: ____________________

EA

Aufgabe 3: *Worauf wies der britische Premierminister Winston Churchill schon im Jahre 1946 hin? Erkläre dies anhand der folgenden Karte!*

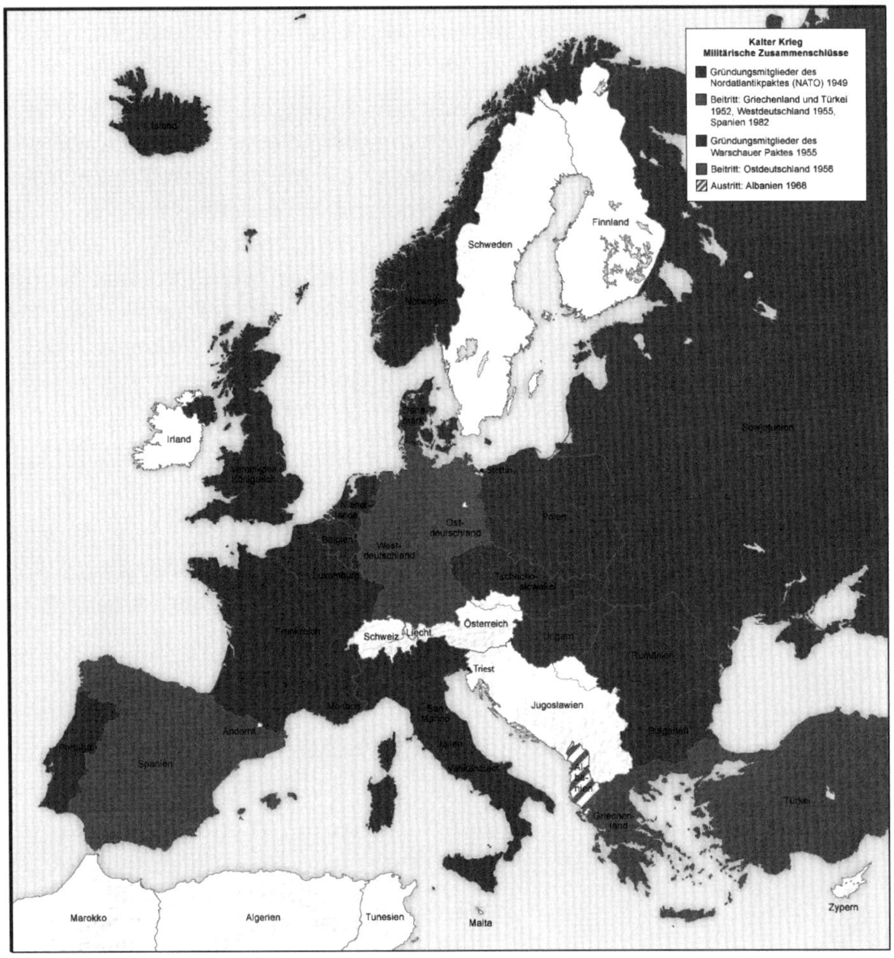

____

____

____

V. Deutschland auf dem Weg zur Teilung

EA

Aufgabe 4: **a)** *Wieso verhinderte die USA die Verstaatlichung der Schwerindustrie?*

b) *Aus welchem Grund bemühten sich die westlichen Besatzer – vor allem die USA – darum, in ihren Besatzungszonen die wirtschaftliche Krise schnellstmöglich zu beseitigen?*

EA

Aufgabe 5: *Die DDR-Bürger und die Bürger der BRD waren nach dem Krieg völlig den Entscheidungen der Besatzungsmächte ausgeliefert. Schreibe, was du darüber denkst.*

Der Duisburger Hafen nach dem Krieg

Ich, ______________________,
wohne in ______________ in der
______________ Besatzungszone und denke folgendes über die politische Zukunft meines Landes: ______________

Lernwerkstatt
„Deutschland - Teilung und Wiedervereinigung" - Bestell-Nr. 10 852
KOHL VERLAG Der Verlag mit dem Baum
www.kohlverlag.de

V. Deutschland auf dem Weg zur Teilung

Der Marshallplan

Die USA ließen eine große Hilfsaktion anlaufen. Der Marshallplan wurde umgesetzt. Er bestand überwiegend aus Sachlieferungen, vor allem Geschenke von Lebensmitteln und Rohstoffen, aber auch aus Finanzkrediten. Dieser Plan wirkte wie eine Initialzündung und trug zur Erholung der Wirtschaft in den Westzonen bei. Die Sowjetunion beteiligte sich nicht am Marshallplan. Es kam zur weiteren Entfremdung und Teilung Deutschlands.

Eine entscheidende Vorbedingung des Marshallplanes war die Klärung der Währungsfragen im besetzten Deutschland. Im Juni 1948 wurde in den westlichen Besatzungszonen eine Währungsreform durchgeführt. Man führte die Deutsche Mark ein. Als Reaktion darauf ließ die Sowjetunion auch in ihrer Besatzungszone eine neue Währung einführen. Für Berlin sollte diese Währung ebenfalls gelten. Die drei Westmächte führten jedoch in ihren Berliner Sektoren die Deutsche Mark ein.

Die Sowjetunion reagierte mit einer Blockade der Stadt. Sie riegelte Berlin ab und verhinderte somit die Lieferungen mit Nahrung, Heizmaterial und Strom. Berlin sollte ausgehungert, in absehbarer Zeit der sowjetischen Zone zugeschlagen werden, so das Ziel dieser Entscheidung. Darauf reagierten die Amerikaner und Engländer mit einer Kampfansage. Sie errichteten eine „Luftbrücke". Flugzeuge sollten die Stadt aus der Luft versorgen. Eine einmalige menschliche, technische und organisatorische Meisterleistung ließ nach 11 Monaten die Blockadehaltung der Sowjetunion zusammenbrechen. In ca. 195 000 Flügen wurden fast 1,5 Millionen Tonnen Lebensmittel, Kohle und Baumaterial sowie andere Güter eingeflogen. Alle zwei bis drei Minuten landete auf dem Flughafen Tempelhof einer dieser sogenannten „Rosinenbomber". Auch deswegen kam es 1949 dann zur endgültigen Teilung Berlins, da die Russen natürlich auf die Provokation reagieren mussten. Die Teilung Deutschlands war besiegelt.

Anfliegender „Rosinenbomber"

EA

Aufgabe 6: *Beantworte die folgenden Fragen zum Text in vollständigen Sätzen! Schreibe in dein Heft/in deinen Ordner!*

a) Was verstand man unter dem sogenannten „Marshallplan"?

b) Welche Vorbestimmung war maßgeblicher Bestandteil des Marshallplanes?

c) Welche Bedeutung hatte die Einführung der Deutschen Mark und der Ostmark für die Zukunft Deutschlands?

d) Wie wollte die Sowjetunion die Stadt Berlin zu Fall bringen?

e) Was ist die sogenannte „Luftbrücke" gewesen?

GA

Aufgabe 7: *Forscht nach, wie die Luftbrücke genau funktionierte. Was taten die „Rosinenbomber" und wie war die Reaktion der Bevölkerung? Erstellt ein Infoplakat, auf dem ihr die wichtigsten Infos sammelt.*

Lernwerkstatt „Deutschland - Teilung und Wiedervereinigung" - Bestell-Nr. 10 852
KOHL VERLAG Der Verlag mit dem Baum
www.kohlverlag.de

V. Deutschland auf dem Weg zur Teilung

BRD und DDR

Zum Jahresende 1949 wurden zwei deutsche Staaten ausgerufen. Die Deutsche Demokratische Republik auf dem Gebiet der sowjetischen Besatzungszone; eine sozialistische Diktatur nach sowjetischem Vorbild, geführt von Wilhelm Pieck und Otto Grotewohl. Die Wirtschaft wurde verstaatlicht und nach zentralen Planvorgaben gesteuert, Privateigentum versuchte man so stark wie möglich einzuschränken.

Auf der anderen Seite entstand die Bundesrepublik Deutschland. Ein Land, das sich in der Tradition der Weimarer Republik sah und nach demokratischen Vorstellungen erbaut wurde. Theodor Heuss, Konrad Adenauer sowie Ludwig Erhard sind die Repräsentanten dieser Gründerzeit. Das Grundgesetz wurde verabschiedet. In ihm wurden die Fehler der Weimarer Zeit ausgemerzt und es ist bis in unsere heutigen Tage das entscheidende Kriterium für jegliche politische Verordnung. In Fragen der Wirtschaft setzte man auf Privateigentum und auf die soziale Marktwirtschaft. Der Staat gibt keinerlei Planvorgaben vor, sondern er besitzt nur eine Schutz- und Korrekturaufgabe. Dieses Prinzip ließ eine wirtschaftliche Erholung zu, welches später als „Wirtschaftswunder" bezeichnet wird.

EA

Aufgabe 8: *Nach der Einführung der beiden Währungen in West und Ost sowie der Blockade Westberlins durch die Sowjets wurden zwei getrennte Staaten gegründet. Übertrage die folgende Tabelle in dein Heft/in deinen Ordner und fülle sie mit den wichtigsten Informationen in Stichworten aus!*

Das geteilte Deutschland	DDR	BRD
ausführlicher Staatsname		
zugehörige Besatzungszonen		
Staatsform		
erste Führungspolitiker		
Wirtschaftsprinzip & Eigentumsverteilung		

PA

Aufgabe 9: *Was ist das Grundgesetz und welche Rolle spielt es auch noch (oder gerade) in heutigen Zeiten?*

____

____

____

PA

Aufgabe 10: *Warum wird Privateigentum im System der DDR stark eingeschränkt? Überlegt und schreibt auf die Blattrückseite oder in euer Heft/in euren Ordner!*

Lernwerkstatt „Deutschland - Teilung und Wiedervereinigung" - Bestell-Nr. 10 852
KOHL VERLAG Der Verlag mit dem Baum www.kohlverlag.de

VI. Die Ära Ulbrichts

„Die Partei hat immer Recht“

Die ersten zwei Jahrzehnte der DDR-Geschichte wurden durch einen Mann stark geprägt – Walter Ulbricht. Seit 1945 führend in der Kommunistischen Partei, später in der Sozialistischen Einheitspartei Deutschlands (SED) baute er seinen Machtanspruch bis 1950 konsequent aus. Er hatte nun die Geschicke des Staates als dessen Präsident und die Führung in der allgegenwärtigen SED in seinen Händen. Dies nutzte er dazu, um den Führungsanspruch der Kommunisten auf allen Ebenen der Gesellschaft zu sichern, in der SED selbst, innerhalb des Parteiensystems und auf staatlicher Ebene. So kam es zu der Situation, die bis zum Ende der DDR anhalten sollte, dass zwar offiziell die Regierung die Entscheidungen über das Land fällte, diese aber vorher durch die Führungsspitze der SED bestimmt und abgesegnet wurden. „Die Partei hat immer Recht“ und entscheidet deshalb, war das Motto der Staatspolitik.

Ulbricht schuf in der DDR ein stalinistisches System, das auf den konsequenten Ausbau der Schwerindustrie setzte, die Konsumwirtschaft (Nahrung, Güter des täglichen Bedarfs sowie Luxusgüter) für die Menschen im Lande aber sträflich vernachlässigte, das auf Abgrenzung zu Westdeutschland und Westeuropa ging und die Vormachtstellung der Sowjetunion nie in Frage stellte sowie die politischen Repressalien gegenüber der eigenen Bevölkerung verschärfte. Man schuf die Staatssicherheit und die kasernierte Volkspolizei als bewaffnete Organe, um politischen Druck auf Andersdenkende auszuüben bzw. sie auszuschalten. Dazu nutzte man als dritte Säule die politische Justiz, die im Namen der Partei zahlreiche Schauprozesse veranstaltete und viele Menschen zu Unrecht zu hohen Haftstrafen verurteilte.

Walter Ulbricht

Die Planvorgaben des „Fünfjahrplans“ von 1951 bis 1955 verschärfte die wirtschaftliche Notsituation der meisten Menschen in der DDR weiter. Fünfjahrpläne wurden vom Staat aufgestellt und enthielten Zuweisungen von Fonds bzw. Ressourcen und Vorgaben für zu erbringende Produktion und Dienstleistungen sowie die Festlegung von Investitionen, Preisen und Löhnen. Die Schwer- und Energieindustrie wurde weiter massiv ausgebaut, wiederum zu Lasten der Produktion von Waren, die die Menschen täglich benötigten. Zusätzlich erhöhte man die Arbeitszeiten und den Arbeitsdruck. Soziale Vergünstigungen wurden gestrichen, Selbstständigen entzog man ihre Arbeitsgrundlage und man versuchte mit Gewalt, die Bauern dazu zu zwingen, ihr Land an Gemeinschaftsbetriebe (LPG) abzutreten. Eine riesige Fluchtbewegung Richtung Westen setzte ein. Darunter waren vor allem junge Menschen, Facharbeiter und gut ausgebildete Ärzte sowie Ingenieure. Die Parteiführung hatte den Bogen überspannt. Es kam zum Arbeiteraufstand 1953. Dieser wurde mithilfe des russischen Militärs brutal niedergeschlagen. Walter Ulbricht blieb an der Macht.

EA

Aufgabe 1: *Was bedeutete das Motto „Die Partei hat immer Recht“?*

Lernwerkstatt „Deutschland - Teilung und Wiedervereinigung“ - Bestell-Nr. 10 852

KOHL VERLAG Der Verlag mit dem Baum www.kohlverlag.de

VI. Die Ära Ulbrichts

PA

Aufgabe 2: *Erläutert, wie die DDR versuchte, die Wirtschaft in ihrem Land zu organisieren und anzukurbeln!*

EA

Aufgabe 3: **a)** *Mit welchen Mitteln sicherte die SED ihre Macht?*

Bildquelle: Deutsches Bundesarchiv; Urheber: Köhler, Gustav

b) *Wie kam es zum Arbeiteraufstand 1953?*

GA

Aufgabe 4: *Recherchiert, was der sogenannte „Fünfjahrplan" beinhaltete! Erstellt ein Infoblatt, auf dem ihr die wichtigsten Informationen sammelt!*

VI. Die Ära Ulbrichts

Bindung an die Sowjetunion und Mauerbau

Walter Ulbricht betrieb nach dem Arbeiteraufstand die weitere Anbindung der DDR an den Ostblock. So wurde die DDR Mitglied des Militärbündnisses „Warschauer Pakt“ unter Führung der Sowjetunion.

In den folgenden Jahren kam es zu einer kleinen Erholung der Wirtschaft in der DDR. Menschen verdienten mehr Geld und konnten sich dafür auch etwas kaufen. Einem Vergleich zu den Konsummöglichkeiten in der BRD hielt dies jedoch nicht stand. Zu groß waren die Unterschiede bereits. Diese Zeit der sozialen Ruhe nutzte Ulbricht für politische Säuberungen. Er ließ Andersdenkende verhaften und verurteilen. Nur wer seine Politik ohne Abstriche unterstützte, bekam politische Mitgestaltungsmöglichkeiten. Ulbricht setzte konsequent auf den „neuen sozialistischen Menschen“. Mit allen Traditionen sollte gebrochen werden. Die bisherigen Religionen, Gedanken, Feste und Bräuche gehörten nicht in die DDR. Man brauchte nun Menschen die sich für den Sozialismus aufopferten und die Gemeinschaft als das höchste Ziel ansahen. Eine Welle der Propaganda überrollte das Land.

Ein dramatischer Anstieg von Flüchtlingen aus der DDR war die Folge. 1961 sah man keine anderen Möglichkeiten, dieses Problem zu lösen, als die eigene Bevölkerung einzusperren. Man erbaute am 13. August 1961 die Mauer. Es ist das Sinnbild der Deutschen Teilung.

Eine Phase der politischen Repressionen setzte wieder ein. Menschen wurden gezwungen, sich mit dem System zu arrangieren oder wurden verfolgt und eingesperrt. Ab 1965 wurde diese rigorose Politik weit in das Privatleben der DDR-Bürger hineingetragen. Ein „Kleinkrieg“ gegen Jeans, auffällige Haarfrisuren und Popmusik wurde entfacht. Dieser Verschärfung standen immer mehr junge Parteimitglieder skeptisch gegenüber. Es war der Beginn des Sturzes Walter Ulbrichts. 1971 erhielten die Kommunisten unter Erich Honecker die Genehmigung aus Moskau, Ulbricht abzusetzen. Erich Honecker übernahm die gesamte Macht und sollte sie bis zum Untergang der DDR 1989 nicht mehr abgeben.

Aufgabe 5: *Recherchiert, welche neuen Feste die DDR-Führung einführte und welche Feste und Bräuche, vor allem auch religiöse, abgeschafft wurden! Schreibt in eure Hefte/Ordner!*

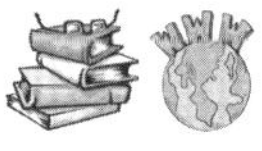

EA

Aufgabe 6: *Was waren die Hauptgründe für den Mauerbau im Jahre 1961?*

____

____

____

____

____

KOHL VERLAG Der Verlag mit dem Baum www.kohlverlag.de
Lernwerkstatt „Deutschland - Teilung und Wiedervereinigung“ - Bestell-Nr. 10 852

VI. Die Ära Ulbrichts

EA

<u>Aufgabe 7</u>: *Worin lagen die Gründe für das politische Scheitern des SED-Staatsratsvorsitzenden Walter Ulbricht?*

EA

<u>Aufgabe 8</u>: *Beantworte die folgenden Fragen in vollständigen Sätzen.*

Erich Honecker

a) In welchem Bündnis wurde die DDR nach dem Arbeiteraufstand Mitglied?

b) Wozu nutzte Ulbricht die Zeit der politischen Ruhe in der DDR?

c) Welchen Kleinkrieg hatte sich die DDR-Bevölkerung im Privatleben ab 1965 noch zu stellen?

VII. Die Ära Adenauers

Die Bundesrepublik wird auf Kurs gebracht

Konrad Adenauer – erster deutscher Bundeskanzler – prägte das erste Jahrzehnt der Bundesrepublik Deutschland wie kein anderer. Denn nach ihm nutzte kein Bundeskanzler seine Richtlinienkompetenz so ausgeprägt und beeinflussend, wie Adenauer.

Im Mai 1949 verlas Adenauer als Präsident des Parlamentarischen Rates das geschaffene deutsche Grundgesetz, so wie es noch heute als unsere Verfassung gilt. Es ist die Geburtsstunde der Bundesrepublik, die den Weg der parlamentarischen Demokratie gehen wird. In der Verfassung werden die Grund- und Menschenrechte explizit im Artikel 1 festgelegt.

Im September 1949 findet die Wahl Adenauers zum Bundeskanzler statt. Dieses Amt wird er bis in das Jahr 1963 behalten. Adenauer verfolgt außen- und innenpolitische Ziele konsequent und setzt sich auch im Kampf gegen alternative Vorschläge oft autoritär durch.

Konrad Adenauer

Außenpolitisch will Adenauer einerseits die Westintegration und die vollständige Souveränität des Deutschen Staates vorantreiben. Dazu nahm er Kontakte zu den Siegermächten auf. Er war davon überzeugt, dass nur eine vollständige Eingliederung Deutschlands in das politische und militärische Gefüge der Westmächte eine deutsche Wiedervereinigung ermöglichen würde. Die Opposition, insbesondere die SPD, verurteilte diesen außenpolitischen Weg und lehnte ihn grundsätzlich ab. Sie sahen in der deutschen Neutralität den Weg zur Herstellung der deutschen Einheit. Adenauer setzte sich durch.

Mit der Unterzeichnung des Deutschlandvertrages von 1952 und dem Eintritt der Bundesrepublik 1955 in das militärische Westbündnis der NATO, wurde die vollständige Anerkennung und Souveränität Westdeutschlands erreicht. Die deutsche Teilung wurde durch diese Maßnahmen jedoch weiter zementiert.

Außenpolitisch von großem Interesse wurde das Wiedergutmachungsabkommen mit Israel aufgenommen. Der deutsche Bundestag stimmte 1952, mit großer Mehrheit, diesem auf Ausgleich und Wiedergutmachung gegenüber den Juden ausgehandelten Abkommen zu.

Innenpolitisch musste man die Kriegsfolgen schnellstmöglich beseitigen, um den Menschen wieder ein lohnenswertes Leben zu ermöglichen. Die deutsche Regierung musste die Millionen Flüchtlinge aus den ehemaligen deutschen Ostgebieten sowie aus der DDR integrieren, also ihnen Arbeit ermöglichen sowie Wohnraum schaffen. Ein riesiges Wohnungsbauprogramm wurde aufgelegt. Es entstanden zahlreiche Sozialwohnungen, die der breiten Masse der Deutschen zur Verfügung gestellt wurden. Erst 1952 ging man zusätzlich über, privaten Wohnungsbau zu unterstützen und finanziell zu fördern. Wirtschaftspolitisch beschritt Adenauer den Weg der sozialen Marktwirtschaft.

EA

Aufgabe 1: *Erläutere, was man unter der Parlamentarischen Demokratie versteht!*

____

____

____

____

VII. Die Ära Adenauers

GA

Aufgabe 2: *Im Kasten seht ihr den Wortlaut des 1. Artikels des Grundgesetzes. Warum ist diese Ausformulierung heute nach wie vor sehr bedeutend? Diskutiert und schreibt mindestens drei euer gemeinsamen Argumente, die für das Grundgesetz sind, unten auf!*

> **(1)** Die Würde des Menschen ist unantastbar. Sie zu achten und zu schützen ist Verpflichtung aller staatlichen Gewalt.
>
> **(2)** Das Deutsche Volk bekennt sich darum zu unverletzlichen und unveräußerlichen Menschenrechten als Grundlage jeder menschlichen Gemeinschaft, des Friedens und der Gerechtigkeit in der Welt.
>
> **(3)** Die nachfolgenden Grundrechte binden Gesetzgebung, vollziehende Gewalt und Rechtsprechung als unmittelbar geltendes Recht.

____

____

____

____

____

____

EA

Aufgabe 3: *Verbinde mit einem Lineal, was zusammengehört!*

	Eintritt der Bundesrepublik in das militärische Westbündnis der NATO
Mai 1949	Adenauer wird zum Bundeskanzler gewählt
September 1949	Adenauer gibt das Amt des Bundeskanzlers ab
1952	Adenauer verliest als Präsident des Parlamentarischen Rates das neu geschaffene Deutsche Grundgesetz
1955	Wiedergutmachungsabkommen mit Israel
1963	Unterzeichnung des Deutschlandvertrags
	Unterstützung und Förderung des privaten Wohnungsbaus

Lernwerkstatt „Deutschland - Teilung und Wiedervereinigung“ - Bestell-Nr. 10 852
KOHL VERLAG Der Verlag mit dem Baum www.kohlverlag.de

VII. Die Ära Adenauers

GA

Aufgabe 4: *Forscht nach, was die NATO ist und welche Aufgaben sie hat! Schreibt eure Infos in Kurzform hier auf!*

GA

Aufgabe 5: *Diskutiert darüber, wieso der Eintritt der Bundesrepublik Deutschland in die NATO die deutsch-deutsche Teilung weiter vorantrieb!*

Flagge der NATO

EA

Aufgabe 6: *Worin begründet sich das Wohnungsbauprogramm der BRD ab 1950?*

KOHL VERLAG www.kohlverlag.de Lernwerkstatt „Deutschland - Teilung und Wiedervereinigung" - Bestell-Nr. 10 852

Soziale Marktwirtschaft schafft Wachstum

Im Unterschied zur Auffassung vieler Zeitzeugen ging Adenauer wirtschaftspolitisch den Weg der Marktwirtschaft. Ludwig Erhard verkündete das von ihm ausgearbeitete Wirtschaftsprogramm der Liberalisierung der Wirtschaft. Er entwickelte seine Überlegungen weiter und schuf das Prinzip der Sozialen Marktwirtschaft – dem entscheidenden Grund für das Wirtschaftswunder der damaligen Zeit. Erhard ging davon aus, dass die Impulse des Marshallplanes und die Währungsreform wichtige Voraussetzungen darstellten, um die Wirtschaft wieder in Schwung zu bringen. Die Betriebe verblieben in Privatbesitz und sollten sich erholen und entwickeln. Freiheit, Wettbewerb und Leistungen waren die zentralen Gebote der Stunde! Der Staat übernimmt Kontrollfunktionen, überwacht den Wettbewerb und greift nur bei erheblichen sozialen Disparitäten ein. Er ist für die Stabilität der Währung verantwortlich und erlässt Gesetze.

Konrad Adenauer und Ludwig Erhard

In den nächsten Jahren war ein Wirtschaftsaufschwung zu verzeichnen, wie man ihn selten in der Geschichte erlebte. Trotzdem war die Not der Menschen groß. Viele lebten weiterhin unterhalb der Armutsgrenze. Um die Not zu lindern, erließ man 1950 ein Gesetz, das den Ausgleich für Kriegsopfer regelte. Sie erhielten nunmehr finanzielle Unterstützungen. Gleichzeitig wurden die Kriegsheimkehrer, die bisher in Kriegsgefangenschaften die Nachkriegszeit verbrachten, entschädigt und versorgt.

Aus Fragen der eigenen Machtsicherung und -erhaltung trieb Adenauer ab 1955 die Reform der Sozialgesetzgebung voran. Man änderte die Rentengesetzgebung dahingehend, dass der Teil der Bevölkerung, der arbeitet, Beiträge in die Versicherung einzahlt, die dann an derzeitige Rentner ausgezahlt werden. Das heutige Rentensystem mit all seinen Schwierigkeiten boxte Adenauer trotz damaliger Bedenken durch. Im Wahljahr 1957 stiegen die Renten somit um durchschnittlich 65%! Für viele Menschen wurde die Not gelindert, Adenauer erhielt die absolute Mehrheit bei der Wahl.

In den nächsten Jahren zeigten sich erste Stagnationen in der „Kanzlerdemokratie" Adenauers. Die Ära der Autorität und der Abgrenzung zum anderen Teil Deutschlands war vorbei. Die Zeiten hatten sich geändert. Adenauer trat 1963 als Kanzler ab und machte somit den Weg in eine neue deutsche Epoche frei.

EA

Aufgabe 7: a) *Welche zentralen Gebote waren für den Aufschwung der Wirtschaft die Grundlage? Zähle auf!*

____

b) *Welche Funktion übernahm der Staat in diesem wirtschaftlichen System?*

____

____

____

Lernwerkstatt „Deutschland - Teilung und Wiedervereinigung" - Bestell-Nr. 10 852
KOHL VERLAG Der Verlag mit dem Baum www.kohlverlag.de

VII. Die Ära Adenauers

Aufgabe 8: **a)** *Adenauer änderte die Rentengesetzgebung. Erklärt, welche grundlegenden Änderungen er vornahm, die übrigens auch heute noch ihre Gültigkeit haben!*

b) *Erklärt, warum das von Adenauer ins Leben gerufene Rentenmodell zur damaligen Zeit bestens funktionierte, heutzutage aber auf dem Prüfstand steht, weil nicht mehr genug Geld in die Rentenkassen fließt!*

Aufgabe 9: *Was ist die „soziale Marktwirtschaft"? Recherchiert hierzu in Lexika/im Internet und schreibt mit euren eigenen Worten hier auf!*

VIII. Die Bürger der DDR begehren auf

Der Volksaufstand am 17. Juni 1953

Der 17. Juni 1953 ging als der Tag des ersten Volksaufstandes in der DDR in die Geschichte ein. An diesem Tag kämpften viele Arbeiter einerseits für die Verbesserung ihres eigenen Lebens, aber auch für Freiheit und freie Wahlen. Dieser Aufstand, der Streiks und Demonstrationen beinhaltete, wurde blutig niedergeschlagen und stabilisierte dadurch die errichtete kommunistische Diktatur nach sowjetischem Vorbild weiter! Doch trotz der Niederlage ist es ein historisches Ereignis, das unseren Respekt verdient. Mutig stellten sich Menschen gegen ein Herrschaftssystem, das sie so nicht mehr tragen und ertragen wollten und bezahlten dieses Aufbegehren teuer. Doch wie kam es zu diesem Aufstand?

Im Jahr 1952 beschloss die SED (Sozialistische Einheitspartei Deutschland) unter der Führung von Walter Ulbricht, den weiteren Ausbau des Sozialismus nach sowjetischem Vorbild. Das bedeutete, dass die noch vorhandene Mittelschicht (Bauern und Selbstständige) weitere zusätzliche Steuern zahlen mussten. Das Ziel war, die mittelständischen Betriebe zur Aufgabe zu zwingen und somit zu verstaatlichen. Des Weiteren sollte die Schwerindustrie schnellstmöglich ausgebaut werden. Dies setzte man zu Lasten der Nahrungs- und Konsumindustrie durch. Aus dieser Entscheidung heraus kam es zu enormen Engpässen bei der täglichen Versorgung der Bevölkerung. Gleichzeitig erhöhte man die Arbeitsnorm um weitere 10%. Es kam wiederum zu einem enormen Anwachsen der Anzahl der Menschen, die in den Westen flüchteten. Die Menschen stimmten mit ihren Füßen ab! Diese erneute Fluchtwelle brachte die Führung der DDR in weitere soziale und wirtschaftliche Schwierigkeiten. Sie gaben auf Druck der Sowjetunion nach und verkündeten eine politische Lockerung und wirtschaftliche Zugeständnisse an. Der „Neue Kurs“ konnte die aufgebrachten Menschen jedoch nicht mehr beruhigen. Am 16. Juni 1953 streikten die Bauarbeiter in der Berliner Stalinallee.

Am Morgen des nächsten Tages kam es in der Mehrzahl aller großen Betriebe auf dem gesamten Gebiet der DDR zu Streiks. Über die Anzahl und die Ausmaße dieser Erhebungen gibt es nur Schätzungen. Man geht davon aus, dass mindestens 10% aller Arbeiter sich an dieser Erhebung beteiligten. In Berlin und in einigen traditionellen Industriegebieten kam es zu Kämpfen mit der einheimischen Polizei. Die Regierung der DDR flüchtete nach Berlin-Karlshorst, dem Sitz des russischen Militärs. Diese übernahmen die Führungsgewalt in der DDR und verhängten das Kriegsrecht. 20 000 sowjetische Soldaten, bewaffnet mit Panzern, zogen in die Städte und beendeten den ersten Arbeiteraufstand innerhalb weniger Tage blutig. Dies wurde insbesondere durch die eigene Führungslosigkeit einerseits, aber auch durch das halbherzige Unterstützen seitens des Westens möglich. Die Anzahl der Todesopfer schwankt zwischen 25 und 300. Es setzte unmittelbar nach dem Aufstand eine erneute Verhaftungswelle in der DDR ein.

Demonstranten bewerfen russische Panzer

Als Folge des Aufstandes konnte Walter Ulbricht seine Machtposition weiter ausbauen und festigen. Bis zur friedlichen Revolution von 1989 kam es nie wieder zu Aufständen in der DDR. Die Bevölkerung hatte ihren Aufstand verloren, man begann nun, sich im und mit dem System zu arrangieren.

EA

Aufgabe 1: *Welche Gründe für den Volksaufstand wurden im Text genannt? Schreibe auf die Blattrückseite oder in dein Heft/in deinen Ordner.*

Lernwerkstatt „Deutschland - Teilung und Wiedervereinigung“ - Bestell-Nr. 10 852
KOHL VERLAG Der Verlag mit dem Baum www.kohlverlag.de

VIII. Die Bürger der DDR begehren auf

EA

Aufgabe 2: *Was bedeutet der folgende Satz: „Die Menschen stimmten mit ihren Füßen ab.“?*

EA

Aufgabe 3: *Versetze dich in die Lage der DDR-Bürger zu dieser Zeit. Was wären Gründe, die dich dazu brächten, die Heimat für immer zu verlassen?*

GA

Aufgabe 4: *Was haltet ihr von dem Vorgehen der DDR-Regierung gegen die Aufständischen? Diskutiert in der Klasse.*

PA

Aufgabe 5: *Was bedeutet die Ausrufung des „Kriegsrechts“?*

EA

Aufgabe 6: *Wie reagierte die DDR-Regierung nach der Zerschlagung der Aufstände? Schreibe in dein Heft/in deinen Ordner.*

IX. Der Mauerbau

Ein Volk wird eingemauert

Am 13. August 1961 wurde zwischen der DDR und der BRD eine Mauer errichtet. Bis zur friedlichen Revolution 1989 teilte die von der DDR-Regierung errichtete Mauer das Land endgültig und für jedermann gut sichtbar.

Errichtung der Mauer in Berlin

Viele Menschen sehen im Mauerbau das Zeichen für die politische Unfähigkeit der führenden Kommunisten gegenüber der riesigen Fluchtbewegung von Menschen aus der DDR in Richtung Westen. Gleichzeitig ist es auch das Symbol der Deutschen Teilung.

Allein im August 1961 verließen über 47 000 Menschen, meist junge, gut ausgebildete Fachkräfte die DDR mit ihrer politischen Unfreiheit. Dieses „Ausbluten" der DDR musste gestoppt werden, wollte man einen wirtschaftlichen Kollaps verhindern. Mit der Rückversicherung durch die Entscheidungsträger in der Sowjetunion wurden um Mitternacht die Übergänge zu Westberlin hermetisch abgeriegelt. Man begann mit dem zügigen Bau der Mauer. Diese Maßnahme wurde durch die Polizei und Armee militärisch bewacht und durch Erich Honecker, dem späteren Nachfolger von Walter Ulbricht, geleitet. Man sperrte die DDR Bevölkerung für über 28 Jahre im eigenen Land ein. Gab es in der Anfangszeit noch vielfältige Fluchtbewegungen, so kamen diese durch die Abriegelungen schon recht bald zum Erliegen.

Die Bundesregierung und die Westmächte mussten diese Aktion hilflos hinnehmen. Man war sich darüber im Klaren, dass die entstandene Situation nicht eskalieren dürfe! So trat der Bundeskanzler Adenauer für eine besonnene Reaktion ein und Kennedy, der amerikanische Präsident, äußerte sich zum Mauerbau, dass dies keine schöne Lösung, aber tausendmal besser als Krieg sei.

Innerhalb kürzester Zeit wurde die Mauer zu einer der bestbewachten Grenzen, die die Flucht aus der DDR fast unmöglich machte. Trotzdem gab es immer wieder Menschen, die der Diktatur den Rücken kehren wollten, um in Freiheit leben zu können. Viele bezahlten diesen Wunsch mit ihrem Leben. Noch ist es nicht abschließend möglich, die Zahl der Todesopfer konkret zu beziffern. Man geht von 125 bis 206 Todesopfern aus.

Die eingesperrte DDR Bevölkerung musste sich zwangsläufig mit dem System arrangieren, die Führenden feierten ihren Sieg zur Errichtung des „antifaschistischen Schutzwalls". Dieser sollte die DDR, so der offizielle Sprachgebrauch, vor Abwanderung, Unterwanderung, Spionage, Sabotage, Schmuggel, Ausverkauf und Aggression aus dem Westen schützen. In Wirklichkeit diente die Mauer überwiegend gegen die eigene Bevölkerung.

EA

Aufgabe 1: *Zu welchem Zweck wurde die Mauer durch die Regierung der DDR errichtet?*

___

___

___

KOHL VERLAG Der Verlag mit dem Baum www.kohlverlag.de

IX. Der Mauerbau

EA

Aufgabe 2: *Warum bedeutete (wie im Text erwähnt) das „Ausbluten" eine ernsthafte Bedrohung für die DDR?*

PA

Aufgabe 3: *Wieso unternahm der Westen nichts gegen den Bau der Mauer?*

EA

Aufgabe 4: *Betrachte das Bild ausführlich. Schreibe in dein Heft.*

Flüchtende DDR-Bürger am Tag des Mauerbaus

a) Was geht wohl in den Köpfen der Menschen vor?

b) Du befindest dich im westlichen Teil. Aber viele deiner Verwandten und Bekannten leben im östlichen Teil Deutschlands. Was denkst du, während du den Bau der Mauer beobachtest?

c) Die Personen auf dem Bild fliehen „in letzter Minute" aus dem Osten in den Westen. Gelegentlich verlief die Grenze einfach an einer Hauswand entlang (so wie auf dem Foto). Etliche Menschen flohen über Fenster usw. in den Westen. Nenne Gründe, warum diese Menschen in letzter Minute noch überstürzt die Flucht ergriffen.

Lernwerkstatt „Deutschland - Teilung und Wiedervereinigung" - Bestell-Nr. 10 852
KOHL VERLAG Der Verlag mit dem Baum www.kohlverlag.de

IX. Der Mauerbau

EA

Aufgabe 5: *„DDR-Grenzpolizisten schießen auf ihre eigenen Landsleute!“ Verfasse unter diesem Titel einen Zeitungsbericht aus der Zeit vor der Maueröffnung. Recherchiere im Internet oder in Geschichtsbüchern, falls du noch Hintergrundinformationen benötigst.*

EA

Aufgabe 6: *Betrachte das Bild sehr genau. Was fällt dir alles dazu ein? Schreibe in kurzen Sätzen deine Gedanken auf die Blattrückseite.*

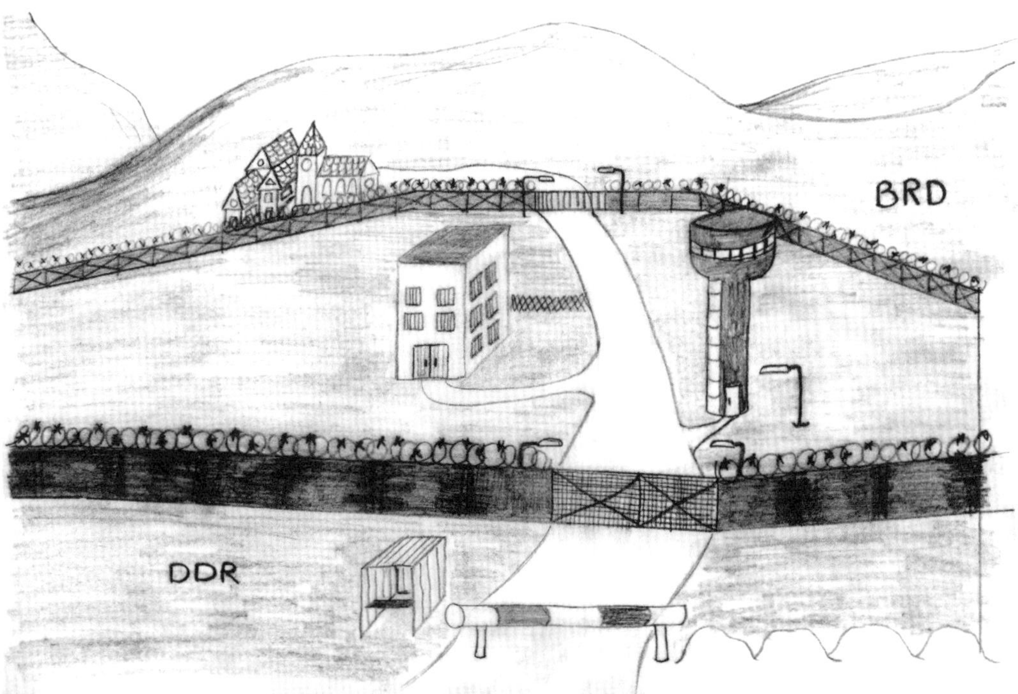

GA

Aufgabe 7: *Wieso galt der Westen als faschistisch? Ist es richtig, wenn die DDR-Regierung davon sprach, dass sie einen „antifaschistischen Schutzwall“ errichten müsse? Diskutiert!*

Lernwerkstatt „Deutschland - Teilung und Wiedervereinigung“ - Bestell-Nr. 10 852
KOHL VERLAG Der Verlag mit dem Baum www.kohlverlag.de

X. Alltagsleben in der DDR

Arbeit, Freizeit, Urlaub ...

Nach dem Mauerbau mussten sich die Menschen der DDR mit dem diktatorischen System arrangieren. Ähnlich wie heute gingen die Menschen einer geregelten täglichen Arbeit nach, die den wesentlichen Teil des Alltages ausmachte. Der Hauptunterschied bestand in der Effektivität der Arbeit. Die Maschinen waren in der Regel veraltet, der Betriebsablauf oft durch Einschränkungen jeglicher Art nicht optimiert. Die Arbeitszeit war geprägt von Leerläufen, da entweder Maschinen nicht richtig funktionierten, Ersatzteile fehlten oder notwendige Zulieferungen nicht rechtzeitig erfolgten. Hinzu kam, dass sich die wenigsten Arbeiter mit ihrer Arbeit identifizierten. Sie bekamen einen kargen Einheitslohn, egal wie produktiv bzw. ineffektiv ihre geleistete Arbeit war. Ein riesiger aufgeblähter Verwaltungsapparat ließ die Gewinne der Betriebe weiter schmelzen. Nur große „Vorzeigebetriebe“ konnten sich mit westlichen Maßstäben der Wirtschaft vergleichen.

Im Gegensatz zu den heutigen Freizeitangeboten gab es in der DDR nur eingeschränkte Möglichkeiten für Kinder und Jugendliche, ihre Freizeit selbst bestimmt zu gestalten. Sie konnten an Schularbeitsgemeinschaften teilnehmen, zudem gab es zahlreiche Möglichkeiten Sport zu treiben. All diese Freizeitangebote waren politisch gewollt und gefördert. Die Möglichkeiten ins Kino zu gehen oder eine Diskothek zu besuchen waren schon weit stärker eingeschränkt. Freizeitmöglichkeiten für Erwachsene und ältere Menschen waren in der Praxis kaum vorhanden. Die wenigen Angebote waren immer politisch geprägt und wurden aus diesem Grunde oft von den Menschen gemieden. Man zog sich ins Privatleben zurück. Wer konnte, hatte einen eigenen Garten oder eine Datsche (Wochenendhaus). Hier traf man sich im familiären Kreis und genoss die „Privatsphäre“. Abends waren die Straßen wie leer gefegt, die Menschen sahen in der Regel viel Fernsehen, wer konnte, die Sender des Westens.

Der Jahresurlaub fand im eigenen Land statt. Man versuchte schon frühzeitig, Übernachtungsmöglichkeiten zu buchen. Entweder geschah dies über Beziehungen oder man konnte staatlich organisierte Urlaubsplätze ergattern. Auslandsreisen waren nur in sozialistische Länder möglich und mussten von der Polizei genehmigt werden. Wer politisch „unzuverlässig“ war, bekam ohne Begründung kein Visum zum Verreisen. Es existierte keine Reisefreiheit in der DDR.

EA

Aufgabe 1: *Aus welchem Grund funktionierte die ostdeutsche Wirtschaft nur holprig?*

____

____

____

PA

Aufgabe 2: *Welchen „Hobbys“ geht ihr nach? Was sind eure liebsten Freizeitbeschäftigungen? Hättet ihr diese Hobbys als DDR-Bürger auch so ausüben können?*

Lernwerkstatt „Deutschland - Teilung und Wiedervereinigung“ - Bestell-Nr. 10 852
KOHL VERLAG Der Verlag mit dem Baum
www.kohlverlag.de

X. Alltagsleben in der DDR

EA

Aufgabe 3: *Welche Betriebe der DDR konnten durchaus mit den westdeutschen Betrieben mithalten?*

GA

Aufgabe 4: *Recherchiert, welche Länder von DDR-Bürgern häufig als Urlaubsziele ausgewählt wurden.*

EA

Aufgabe 5: *Was ist wohl damit gemeint, wenn ein DDR-Bürger politisch „unzuverlässig" war und deshalb kein Visum zum Verreisen bekam?*

Die Versorgungslage in der DDR

Die Versorgung der Menschen mit Grundnahrungsmitteln wie Brot, Getränken und einheimischem Obst war in der Regel gewährleistet. Alle anderen Konsumgüter, soweit sie überhaupt produziert wurden, konnte man nur durch Zufall, mit sehr viel Zeit (Schlangestehen vor den Läden) bzw. durch Tausch organisieren. In der DDR herrschte ein reger Tauschhandel. Man nutzte oft Dienstfahrten bzw. den Urlaub dazu, aus anderen Regionen Dinge mitzubringen, die dann in der Heimatstadt gegen andere Sachen eingetauscht werden konnten. Da Waren immer in geringen Mengen verkauft wurden, waren sie nur über Beziehungen oder mit Westgeld erhältlich. Man nannte diese Dinge auch „Bückware", da die Verkäuferin sie nicht in die Regale einsortierten, sondern unter dem Ladentisch behielten. Einzig im Intershop bzw. im Exquisitladen konnte man Luxusgüter erstehen, die ein wenig Farbe in den trostlosen Alltag brachten. Dazu benötigte man aber für das erste Geschäft Westgeld, für das zweite Geschäft sehr viel Geld, da die Ware zu horrenden Preisen angeboten wurde.

GA

Aufgabe 6: *Was ist dein Lieblingsobst? Wäre es zu DDR-Zeiten jederzeit verfügbar gewesen? Schreibt auf die Blattrückseite.*

Lernwerkstatt „Deutschland - Teilung und Wiedervereinigung" - Bestell-Nr. 10 852
KOHL VERLAG Der Verlag mit dem Baum
www.kohlverlag.de

X. Alltagsleben in der DDR

EA

Aufgabe 7: *Welche Möglichkeiten hatte man, um an besondere Waren oder Luxusgüter zu gelangen? Liste auf.*

Die STASI

Die Unzulänglichkeiten (Einheitslohn, mangelnde Arbeitsmotivation, fehlende Freizeitangebote, Schlange stehen, fehlende Güter), die das alltägliche Leben sehr schwer machten, führten immer wieder zu Missmut und Aufbegehren. Um diese Gefahrenmomente, für den Erhalt der politischen Macht frühzeitig erkennen zu können und gegebenenfalls darauf zu reagieren, schuf der Staat einen Kontroll- und Spitzelapparat. Dieser wurde durch das MfS (Ministerium für Staatssicherheit) aufgebaut und ständig perfektioniert. Neben vielen hauptamtlichen Mitarbeitern gab es zahlreiche Inoffizielle Mitarbeiter (IM), die die Bevölkerung bespitzelten. Niemand wusste, wer sein Gespräch mithörte und eventuell weiterleitete. Dies schuf ein Klima des Misstrauens und der ständigen Angst. Der Stasi-Apparat spitzelte im Inland, sogar unter Verwandten und Bekannten, aber auch im Ausland. So wollte man Kontakte von DDR-Bürgern im Ausland genauer durchleuchten. Keiner wusste genau, ob er nicht auch von den engsten Vertrauten bespitzelt wurde.

GA

Aufgabe 8: *Stellt euch vor, ihr wärt nicht zu 100 % mit dem herrschenden politischen System einverstanden. Welche Einschränkungen und Gefühle hättet ihr, wenn ihr euch nicht sicher sein könntet, wem ihr vertrauen könnt und wem nicht? Diskutiert in der Klasse.*

EA

Aufgabe 9: *Erläutere mit deinen eigenen Worten, was das Ministerium für Staatssicherheit ist und welche „Aufgaben" es hatte. Schreibe auf die Blattrückseite oder in dein Heft/in deinen Ordner.*

EA

Aufgabe 10: *Viele bespitzelte DDR-Bürger nutzten nach der Wende die mögliche Akteneinsicht und waren teilweise sehr betroffen, von welchen Personen sie bespitzelt worden waren. Oftmals konnten sie ihrem Ärger nicht Luft verschaffen, da sie nur den Vornamen oder den sogenannten „Decknamen" des Spitzels erfuhren. Schreibe einen Brief an eine Freundin/einen Freund, in dem du als Bespitzelungsopfer deine Gefühle und Gedanken über den Vertrauensbruch äußerst.*

XI. Die erste Wirtschaftskrise in der BRD

Das Ende Erhards und der Aufstieg Brandts

Im Jahr 1961 verlor die CDU/ CSU unter der Führung von Adenauer ihre absolute Mehrheit im Parlament und musste zusammen mit den Liberalen, die einen Rücktritt Adenauers verlangten, eine Regierung bilden. Die Zeit der „Kanzlerdemokratie" ging zu Ende.

Zunächst schaffte Adenauer mit der Aushandlung des deutsch-französischen Vertrages jedoch noch einen wichtigen Meilenstein in der deutschen Geschichte. Er setzte damit einen Schlussstrich unter die jahrhundertlange Rivalität beider Staaten. Es verpflichteten sich beide Regierungen in diesem Vertrag zu ständigen Treffen, bei denen es um Fragen der Außen-, Wirtschafts-, Verteidigungs- und Kulturpolitik geht. Gleichzeitig wurde ein gemeinsamer Jugendaustausch initiiert.

Zwei Jahre nach der Wahl übernimmt der „Vater des Wirtschaftswunders" Ludwig Erhard die Regierungsgeschäfte. Brillierte er als Wirtschaftsminister, so konnte er als Kanzler keine nennenswerten Erfolge aufweisen. In seiner Zeit kam es zur ersten großen Wirtschaftskrise in Deutschland. Das Steueraufkommen ging dramatisch zurück. Erhard entschied sich für ein striktes Sparprogramm und verschärfte somit die Krise weiter. Die Arbeitslosenzahlen stiegen stark an. Es kam zum Bruch der Regierung und man entschied sich zu einer Bildung einer Großen Koalition aus CDU/ CSU und SPD. Erhard trat zurück und Kurt Georg Kiesinger wurde neuer Kanzler. Sein Vizekanzler und Außenminister wurde der neue Hoffnungsträger der SPD Willy Brandt. Hauptaufgabe und wichtigstes Ziel der Großen Koalition war die Überwindung der Krise.

Entgegen der bisherigen Politik versuchte man nun aktiv gegen die Wirtschaftskrise anzugehen. Man schuf zwei Konjunkturprogramme, die kurzfristig beschlossen wurden. Man ging davon aus, dass der Staat sich antizyklisch zu verhalten habe. Befindet sich ein Land in einer Wirtschaftskrise, müsse der Staat mit vielen zusätzlichen Programmen die Wirtschaft wieder ankurbeln. Dazu wurden insbesondere Gelder für den Straßenbau, die Bundesbahn, die Bundespost und die Wissenschaft bereitgestellt. Das benötigte Geld borgte sich der Staat als Kredit. Man wollte ihn, wenn die Wirtschaft wieder florierte, zurückzahlen.

So heftig wie die erste Wirtschaftskrise war, so schnell war sie auch wieder überwunden. Bereits 1968 stieg das Bruttosozialprodukt bereits wieder um mehr als 7 Prozent an, ein Jahr später sogar um 8 Prozent. Ein Wirtschaftsboom setzte ein. Die Anzahl der Arbeitslosen ging auf 0,8 Prozent zurück und die Bruttolöhne der Arbeiter und Angestellten stiegen zwischen 6 und 10 Prozent in dieser Zeit an. Die Menschen fassten wieder Vertrauen in die Politik. Der eigentliche Gewinner dieser Wirtschaftskrise war Willy Brandt mit seiner SPD.

Willy Brandt

Sahen die Bürger die Notwendigkeit einer Großen Koalition während der Wirtschaftskrise ein, hatte ihr Fortbestehen nach der Krise ihre Kritiker auf die Tagesordnung gerufen, denn die Regierung konnte mehr als 90 Prozent der Abgeordneten hinter sich bringen. Eine wirkungsvolle Opposition war hier nicht mehr möglich.

Nach der Bundestagswahl von 1969 kam es somit zu einer Regierungsbildung aus SPD und FDP. Willy Brandt wurde Bundeskanzler und leitete eine neue deutsch-deutsche Politik der Entspannung ein.

KOHL VERLAG Der Verlag mit dem Baum www.kohlverlag.de
Lernwerkstatt „Deutschland - Teilung und Wiedervereinigung" - Bestell-Nr. 10 852

XI. Die erste Wirtschaftskrise in der BRD

EA

Aufgabe 1: *Adenauer schaffte es, mit der Aushandlung des deutsch-französischen Vertrages eine neue freundschaftliche Grundlage für das Verhältnis zwischen den beiden ehemals verfeindeten Ländern herzustellen. Dazu waren natürlich ständige Treffen der beiden Regierungen nötig. Aber warum wollte Adenauer auch einen gemeinsamen Jugendaustausch?*

EA

Aufgabe 2: *Aus welchem Grund scheiterte der ehemals erfolgreiche Wirtschaftsminister Ludwig Erhard in der Rolle des Bundeskanzlers?*

Ludwig Erhard

EA

Aufgabe 3: *Was versteht man unter einer großen Koalition?*

Lernwerkstatt
„Deutschland - Teilung und Wiedervereinigung" - Bestell-Nr. 10 852
KOHL VERLAG Der Verlag mit dem Baum
www.kohlverlag.de

XI. Die erste Wirtschaftskrise in der BRD

PA

Aufgabe 4: *Was machte Willy Brandt von der SPD eigentlich Besonderes, das ihn als Politiker so erfolgreich und beliebt werden ließ?*

EA

Aufgabe 5: *Was versteht man eingentlich unter einem Konjunkturprogramm?*

GA

Aufgabe 6: *Vergleicht die Wirkung der Konjunkturprogramme aus der Mitte der Sechziger Jahre des letzten Jahrhunderts mit dem Konjunkturprogramm, das von der Regierung im Jahre 2009 gegen die Wirtschaftskrise verabschiedet wurde. Welche Unterschiede und Gemeinsamkeiten könnt ihr erkennen?*

EA

Aufgabe 7: *Wieso kann eine große Koalition die politischen Entscheidungen „einschränken"? Bedenke dabei auch die Situation der Anzahl der Abgeordneten der großen Koalition während der ersten Wirtschaftskrise in den 60er-Jahren. Schreibe auf die Blattrückseite.*

XII. Mehr Demokratie wagen

Studentenrevolten und der Deutsche Herbst

Willy Brandt, der Hoffnungsträger vieler Menschen der Bundesrepublik, tritt als Vizekanzler 1966 einer Großen Koalition an. 90 Prozent aller Bundestagsabgeordneten gehören zu den zwei regierenden Parteien. Eine Opposition gibt es in der Praxis nicht.

Immer mehr Menschen sind unzufrieden und stellen Fragen nach dem Sinn des Lebens. Ist das bisherige Leben, das auf ständig wachsenden Wohlstand beruht, lebenswert? Wann und wie wird die nationalsozialistische Vergangenheit aufgearbeitet? Wann bekennen sich die Deutschen zu diesem historischen Kapitel schuldig? Man wollte nicht mehr nach den traditionellen Lebensformen und Verhaltensmustern der Eltern leben. Man lehnte die Autorität im Elternhaus, in der Schule, in der Gesellschaft und im Staat ab, wehrte sich gegen eine Leistungs- und Konsumorientierung und kämpfte gegen den offiziellen Antikommunismus der westlichen Welt, insbesondere gegen den Vietnamkrieg der USA. Viele junge Menschen, vor allem Studenten, begannen sich zu organisieren. Die Protestbewegung formierte sich zur „Außerparlamentarischen Opposition“, kurz APO genannt. Man suchte einen Weg zwischen Kapitalismus und Kommunismus. Die Neue Linke propagierte den dritten Weg zum „demokratischen Sozialismus“.

Rudi Dutschke bei einer seiner Protestreden

Bei einer Studentendemonstration 1967 wurde ein Student namens Benno Ohnesorg von einer Polizeikugel tödlich getroffen. Die Situation eskalierte. Es kam zu gewalttätigen Aktionen gegen den Axel Springer Verlag und an den Universitäten. Eine weitere Verschärfung vollzog sich nach dem Attentat auf den Studentenführer Rudi Dutschke. Im April 1968 erreichten die Protestaktionen ihren Höhepunkt und gingen als die Osterunruhen in die deutsche Geschichte ein.

Als einen ersten Schritt hin zur Veränderung sah man die Auflösung der Großen Koalition 1969 an. Die SPD unter Willy Brandt stellte zusammen mit der FDP die Regierung. In seiner Regierungserklärung spricht er sich dafür aus, „mehr Demokratie zu wagen“. Er forderte eine Gesellschaft zu entwickeln, die mehr Freiheit bietet, aber auch Mitverantwortung verlangt. Man brauche Menschen, die kritisch mitdenken, mitentscheiden und mitverantworten. Man stehe erst am Anfang der Demokratie.

Viele junge Menschen ließen sich einbinden und machten sich auf den „langen Marsch durch die Institutionen“, um die Gesellschaft zu verändern. Andere bildeten Bürgerinitiativen, aus denen die Antiatomkraft-, die Friedens- und die Frauenbewegung hervorgingen. Teile davon gründeten später die Partei der „Grünen“.

Ein Teil der studentischen Protestbewegung ging in den Untergrund. Die Veränderungen gingen ihnen nicht schnell und waren nach ihren Vorstellungen nicht radikal genug. Sie wollten den Staat und seine Repräsentanten bekämpfen und griffen zum Mittel der Gewalt. Man gründete die „Rote Armee Fraktion“ (RAF). Seine bekanntesten Führer waren Ulrike Meinhof und Andreas Baader. Das Jahr 1977 stellte den Höhepunkt der Gewalt dar. Insgesamt wurden 34 Menschen durch die RAF getötet. Große Zustimmung der Deutschen erhielten die Mitglieder der RAF nie, man war mit seinem Leben in der Demokratie zufrieden und genoss deren Vorzüge.

Neben innenpolitischen Veränderungen gab es auch in der deutsch-deutschen Frage neue Ansätze, wie man die politische Eiszeit zwischen beiden deutschen Staaten beenden könne. Man ging den Weg der Annäherung um zu einem Wandel zu kommen.

XII. Mehr Demokratie wagen

EA

Aufgabe 1: *Erkläre, warum es um 1966 im Deutschen Bundestag so gut wie keine durchschlagskräftige Opposition gab.*

PA

Aufgabe 2: *Erstellt eine Stichpunkteliste, in der ihr festhaltet, warum sich in der deutschen Bevölkerung Unmut breit machte. Findet mindestens vier Gründe aus dem Informationstext.*

EA

Aufgabe 3: *Wenn du in dieser Zeit gelebt hättest und protestbereit gewesen wärst, warum hättest du dich einer der Protestbewegungen angeschlossen? Wie hätte diese ausgesehen? Formuliere deine Gedanken.*

Lernwerkstatt
„Deutschland - Teilung und Wiedervereinigung“ - Bestell-Nr. 10 852
KOHL VERLAG
Der Verlag mit dem Baum
www.kohlverlag.de

XII. Mehr Demokratie wagen

EA

<u>Aufgabe 4</u>: *Benno Ohnesorg war einfacher Teilnehmer einer Studentendemonstration. Eine Polizeikugel traf ihn tödlich.*

a) Was dachten sich wohl andere Teilnehmer der Demonstration über das Vorgehen der Polizei und der Regierung?

b) Welche Folgen hatte die tödliche Kugel?

GA

<u>Aufgabe 5</u>: *Erstellt in Gruppen bis zu vier Personen eine Kurzpräsentation (maximal 25 Minuten) über den Studentenführer Rudi Dutschke. So könnte eure Planung aussehen:*

- Rudi Dutschke – der Mensch
- seine politischen Ansichten
- Vorbildfigur mit Redetalent
- das Schicksal, das ihn ereilte

EA

<u>Aufgabe 6</u>: *Wie sahen für Willy Brandt die Aufgaben von „mehr Demokratie wagen" aus?*

____

____

____

PA

<u>Aufgabe 7</u>: *Wie entstand die Partei „Die Grünen"?*

____

____

____

GA

<u>Aufgabe 8</u>: *Erstellt mit den folgenden Begriffen einen kurzen Bericht über die RAF und den Deuschen Herbst.*

> Ulrike Meinhof – Andreas Baader – Hanns Martin Schleyer – Karlsruhe – Horst Buback – RAF – radikale Denkweise – Gewalteskalation 1977

Lernwerkstatt „Deutschland - Teilung und Wiedervereinigung" - Bestell-Nr. 10 852
KOHL VERLAG www.kohlverlag.de

XIII. Wandel durch Annäherung

Der deutsch-deutsche Grundlagenvertrag

Außenpolitisch kam es unter der sozialdemokratisch-liberalen Regierungskonstellation auch zu einer Abkehr der bisherigen Positionen. War man bisher immer davon ausgegangen, dass die Bundesrepublik die einzige Legitimation des deutschen Volkes in der internationalen Politik besaß und die geschaffene Ostgrenze zwischen der DDR und Polen nur eine vorläufige sein konnte, änderte Willy Brandt diese außenpolitische Richtung. Er ging davon aus, dass man die kommunistischen Staaten in Osteuropa nicht von außen stürzen könne. Gleichzeitig warb er für seine Grundauffassung, dass die jetzigen europäischen Grenzen Bestand haben werden und niemand das Recht besaß, diese gewaltsam zu ändern. All dies bedeutete, dass man die DDR als Staat anerkennen müsse. Man müsse „eine Politik der kleinen Schritte" betreiben. Ziel sei es, die staatliche Teilung und deren negative Auswirkungen für viele Deutsche mit kleinen, aber konkreten Schritten zu minimieren. Langfristig würde man dann einen „Wandel durch Annäherung" in den kommunistischen Staaten erreichen. Über die neue Ostpolitik stritt man in der Bundesrepublik leidenschaftlich und intensiv. Die politischen Gegner bezeichneten Brandt als Verzichtspolitiker, der auf die ehemaligen deutschen Ostgebiete sowie auf die Deutsche Einheit verzichten wolle. Brandt und sein Vizekanzler Scheel hielten dagegen. Sie gingen konsequent ihren eingeschlagenen Weg des Abbaus von Konfrontationen und der Sicherung des Friedens in Europa.

Im Jahr 1970 kam es zu Vertragsabschlüssen zwischen der Sowjetunion, Polen und der Bundesrepublik. Hier wurden insbesondere Friedenssicherungsmaßnahmen verhandelt, aber auch die Anerkennung aller europäischen Staaten und deren Grenzen beschlossen. Das bedeutete, dass man ab sofort mit der deutschen Ostgrenze an der Oder-Neiße-Linie einverstanden war und sie anerkannte. Bei der Unterzeichnung des Vertrages in Warschau kam es zum legendären Kniefall Willy Brandts vor dem Mahnmal des Warschauer Ghettos. Diese Ehrerweisung ging weltweit als Symbol für Annäherung und Verständigung herum.

Unterzeichnung des Grundlagenvertrages

Zu einer Unterzeichnung eines Vertragswerkes und der gegenseitigen Anerkennung beider deutschen Staaten brauchte es aber noch zwei lange Jahre. Am 21. Dezember 1972 wurde der Grundlagenvertrag zwischen der BRD und der DDR besiegelt. In diesem wurde das friedliche und gleichberechtigte Nebeneinander beider Staaten beschlossen. Man akzeptierte die Unabhängigkeit des anderen Staates und legte die Unverletzlichkeit der Grenzen fest. Man schrieb nieder, dass man sich für friedliche Lösungen und für eine Abrüstung einsetzen wolle.

Entscheidend für die Menschen in beiden Ländern waren aber erste praktische Schritte. So wurden Reiseerleichterungen für die Menschen sowie Arbeitserleichterungen für Journalisten festgelegt. Als Folge dieser Politik nahm die Reisetätigkeit in beiden Richtungen auch zu. Menschen aus der DDR erkannten nun, dass das Propagandabild über Westdeutschland nicht mit der Realität übereinstimmte und die Lebensverhältnisse in der DDR, obwohl dies immer wieder propagiert wurde, nicht besser waren als im Nachbarstaat. Diese Erkenntnisse und die zunehmenden Kontakte mit Westbürgern ließen erste Veränderungswünsche hervorrufen. Aber noch war die DDR-Regierung in der Lage, diese ersten Oppositionsbemühungen zu unterdrücken. Willy Brandt und Walter Scheel jedoch hatten sich mit ihren Überzeugungen und der Meinung, ein Wandel im Staat könne nur von innen kommen, durchsetzen können. In Bezug auf die DDR gab die Zukunft ihnen Recht.

XIII. Wandel durch Annäherung

EA

Aufgabe 1: **a)** *Wie sah man vor Willy Brandt die politische Legitimation der beiden deutschen Staaten und die neuen Grenzen nach 1945?*

____

____

____

____

____

b) *Welche Auffassung hatte Willy Brandt in Bezug auf Grenzen und Annäherung/Veränderung der einzelnen deutschen Staaten?*

____

____

____

____

____

____

____

c) *Wieso wurde Brandt teilweise als „Verzichtspolitiker“ beschimpft?*

____

____

____

____

PA

Aufgabe 2: *Erklärt gemeinsam, was ein Grundlagenvertrag ist. Schreibt auf die Blattrückseite oder in euer Heft/in euren Ordner.*

Lernwerkstatt „Deutschland - Teilung und Wiedervereinigung“ - Bestell-Nr. 10 852
KOHL VERLAG Der Verlag mit dem Baum www.kohlverlag.de

XIII. Wandel durch Annäherung

EA

Aufgabe 3: **a)** *Du bist Zeitzeuge. Erlebt hast du das Nationalsozialistische Reich, du hast von den Greueltaten im Warschauer Ghetto erfahren, nun siehst du im Fernsehen den Kniefall Willy Brandts vor dem Mahnmal des Wahrschauer Ghettos. Welche Gedanken gehen dir durch den Kopf?*

b) *Wie interpretierte die Welt den Kniefall des deutschen Politikers Willy Brandt?*

GA

Aufgabe 4: *Der Grundlagenvertrag zwischen BRD und DDR vom 21.12.1972 besiegelte die gegenseitige Anerkennung der Staaten. Sicher waren einige Bürger gegen diesen Vertrag. Bildet zwei Gruppen (eine für und eine gegen den Grundlagenvertrag) und diskutiert miteinander. Achtet auf sinnvolle Argumente!*

EA

Aufgabe 5: *Welche Folgen hatte der Grundlagenvertrag für die Menschen, welche für die DDR-Führung? Erstelle eine Tabelle und trage die entsprechenden Punkte stichwortartig darin ein.*

Grundlagenvertrag	
Folgen für die Bürger	Folgen für die DDR-Führung
...	...

XIV. Die Ära Helmut Kohls

Deutschland in den 80er-Jahren

Zu Beginn der 80er Jahre kämpfte man in der Bundesrepublik mit den Auswirkungen einer Wirtschaftskrise. Die Lösungsvorschläge der SPD und der FDP als Regierungsparteien gingen aber weit auseinander. So schlug der damalige Parteivorsitzende der FDP und Außenminister Hans-Dietrich Genscher harte Einschnitte in das Soziale Netz vor und eine erhebliche Entlastung der Wirtschaft. Diesen Weg wollte der sozialdemokratische Bundeskanzler Helmut Schmidt nicht mitgehen. Die Regierung zerbrach und Schmidt versuchte mit einer Minderheitsregierung weiter zu regieren. Dies misslang und der CDU-Politiker Helmut Kohl wurde 1982 Bundeskanzler. Er sollte es in der bisherigen deutschen Geschichte auch am längsten bleiben.

In der 80er Jahren hat die Regierung mehrere große Problemfelder zu lösen. Der wirtschaftliche Strukturwandel ergriff viele Berufszweige. Die traditionellen Industriesektoren wie Schiffbau, Bergbau und die Stahlindustrie befanden sich in einer Art Dauerkrise und mussten zahlreiche Menschen entlassen. Auf der anderen Seite setzte sich der Einsatz von Computern in immer mehr Arbeits- und Lebensbereichen durch. Der Computer veränderte (und verändert nach wie vor) das Leben derart dramatisch, dass man von einer völligen Neugestaltung unseres Alltagslebens sprechen konnte.

Die Energiefrage in Deutschland wurde nach dem Reaktorunglück im Atomkraftwerk Tschernobyl 1986 hitzig diskutiert. Die friedliche Nutzung von Kernenergie birgt große Gefahren in sich. Es kam in der Bundesrepublik Deutschland zu riesigen Protestbewegungen gegen diese Art der Energiegewinnung.

Auch die Friedensbewegung begann sich in den 80er Jahren wieder zu formieren und mobilisierte Millionen von Menschen zu Demonstrationen. Sie forderten einen sofortigen Rüstungsstopp, eine Rüstungskontrolle und eine baldige Abrüstung. Vorausgegangen war eine nukleare Aufrüstung beider Militärblöcke in Europa. Durch die Stationierung von nuklearen Mittelstreckenraketen in der DDR sahen sich die Bundesregierung und die anderen Westmächte gezwungen, darauf zu reagieren. Leidenschaftliche Diskussionen wurden über das Für und das Gegen von atomarer Mittelstreckenwaffen in der BRD geführt. 1983, nach gescheiterten Verhandlungen zwischen den USA und der Sowjetunion, kam es zur Stationierung solcher Mittelstreckenraketen auch in der Bundesrepublik Deutschland. Die Friedensbewegung bekam einen weiteren Auftrieb und griff die Regierung von Kohl und Genscher stark an.

Amerikanische Pershing-Mittelstreckenrakete

Helmut Kohls Vision war ein Europa ohne Grenzen. 1985 verwirklichte sich sein Traum, für den er jahrelang gekämpft hatte. Das Schengener Abkommen wurde unterschrieben. In fünf Ländern konnten die Menschen nun reisen, ohne Personenkontrollen an der Grenze durchlaufen zu müssen. Dieser Schengener Raum erweiterte sich kontinuierlich.

1989 erfüllte sich ein Lebenstraum für Helmut Kohl und für die meisten Deutschen, den viele noch träumten, aber niemand für möglich hielt. Die Grenze zwischen beiden deutschen Staaten wurde eingerissen. Es war das Ergebnis einer friedlichen Revolution der Menschen in der DDR, die diese Diktatur nicht mehr ertrugen und sie erfolgreich besiegten. Helmut Kohl erkannte die Gunst der Stunde und nutzte sie konsequent. Er kämpfte leidenschaftlich für die deutsche Wiedervereinigung, die am 3. Oktober 1990 offiziell gefeiert wurde. Helmut Kohl geht als der „Vereinigungskanzler“ in die Geschichte ein.

Lernwerkstatt „Deutschland - Teilung und Wiedervereinigung“ - Bestell-Nr. 10 852
KOHL VERLAG Der Verlag mit dem Baum www.kohlverlag.de

XIV. Die Ära Helmut Kohls

EA

Aufgabe 1: *Eine neue Wirtschaftskrise in den achziger Jahren lässt die Regierung zerbrechen. Dies ebnet den Weg für den Aufstieg des Pfälzers Helmut Kohl. Die Wirtschaftskrise wollte von den Parteien SPD und FDP völlig unterschiedlich gelöst werden. Wie sah die Lösung der FDP aus?*

EA

Aufgabe 2: *Wieso verändert(e) der Computer eigentlich unser Leben so dramatisch?*

Helmut Kohl

Aufgabe 3: *Informiere dich über die politische Karriere Helmut Kohls und erstelle in deinem Ordner eine kurze Biografie zum „Einheitskanzler".*

EA

Aufgabe 4: *Sammelt Informationen über das Unglück in Tschernobyl im Jahre 1986. Erstellt eine Kurzpräsentation und gebt ein persönliches Fazit zur Atomenergie ab.*

GA

EA

Aufgabe 5: *Welche Folgen hatte die Stationierung von Mittelstreckenraketen in der DDR?*

KOHL VERLAG Der Verlag mit dem Baum
www.kohlverlag.de
Lernwerkstatt „Deutschland - Teilung und Wiedervereinigung" - Bestell-Nr. 10 852

XIV. Die Ära Kohls

EA

<u>Aufgabe 6</u>: *Welche Vorteile hat ein Europa ohne Grenzen? Fasse deine Gedanken in der Sprechblase zusammen.*

EA

<u>Aufgabe 7</u>: *Welche Punkte sind im Schengener Abkommen geregelt?*

GA

<u>Aufgabe 8</u>: *„Atomenergie – ja oder nein? Ausstieg jetzt?“*
Bildet Kleingruppen zu je drei Personen und findet Argumente für und gegen die Atomenergie.

Argumente für die Atomenergie	Argumente gegen die Atomenergie

KOHL VERLAG Der Verlag mit dem Baum
www.kohlverlag.de
Lernwerkstatt
„Deutschland - Teilung und Wiedervereinigung“ - Bestell-Nr. 10 852

Die DDR – zum Scheitern verurteilt

Nach dem Sturz Ulbrichts kam Erich Honecker 1971 an die Macht und sollte die DDR bis zu ihrem Ende als mächtigster Mann führen.

Die Wirtschaftspolitik war in die Krise geraten. Unsummen wurden in Forschung, Wissenschaft und Prestigebauten gesteckt. Das sollte sich nun ändern! Man sah eine gemeinsame Entwicklung der Wirtschaft- und der Sozialpolitik vor. Die Menschen in der DDR sollten endlich von ihren Anstrengungen profitieren. Man erhöhte den Lohn sowie die Rentenzahlungen, verkürzte die Arbeitszeiten und führte einen kostenlosen Arztbesuch ein. Im Zentrum stand aber der soziale Wohnungsbau. Jede Familie sollte über einen lebenswerten Wohnraum verfügen.

Diese sozialpolitischen Geschenke kamen bei den Menschen gut an. Nie war die Zustimmung der Bürger zur führenden Partei der SED höher als in dieser Zeit. Dieses neue Verhältnis zwischen Machthabern und Volk ließ weitere Schritte in Richtung Öffnung zu. Man gängelte die Jugend nicht mehr so stark und ließ auch alternative Lebensweisen zu, man ertrug es, dass die Mehrheit der DDR-Bürger Westfernsehen schaute und lockerte die Zensur der kulturellen Aktivitäten. Schriftsteller konnten Bücher veröffentlichen, die bisher nur im Westen erschienen waren.

Zusätzlich zu diesen Entwicklungen kamen die Erfolge der Entspannungspolitik durch Willy Brandt. Viele Menschen in der DDR sahen der Zukunft positiv entgegen und erhofften sich weitere Schritte in Richtung Freiheit. Die Machthaber waren dazu aber nicht bereit, ihnen war wichtig, dass die DDR nun mehr als eigenständiger Staat in der Welt anerkannt wurde. Die Rufe nach einem freiheitlicheren und demokratischeren Sozialismus wurden immer deutlicher und lauter artikuliert. Intellektuelle und Künstler forderten weitere Schritte. Honecker erstickte diese Bewegung. Viele wurden aus der DDR ausgebürgert, verwarnt oder erhielten Berufsverbote. Die Flamme der Opposition war erstickt, aber die Glut glühte weiter.

Erich Honecker

Der versprochene Wohlstand für die eigenen Bürger konnte nicht erfüllt werden. Eine Wirtschaft, die nach zentralen Planvorgaben arbeiten musste und in der kaum Verantwortungsbewusstsein und Engagement zu finden waren, die wirtschaftlich ineffektiv arbeitete und somit keine Gewinne zuließ, konnte keinen Wohlstand für die Bürger ermöglichen. Der Wohnungsbau und die staatlichen Zuschüsse zu all den gemachten sozialpolitischen Erleichterungen verschlang das gesamte Staatsgeld. Die DDR steuerte auf den Ruin zu. 1984 erhielt die DDR Regierung unter maßgeblicher Beteiligung von Franz-Josef Strauß einen Milliardenkredit von westdeutschen Banken. Dieser verhinderte den Bankrott des Staates, den damals niemand im Ausland ahnte. Im Gegenzug verfügte die DDR Erleichterungen im innerdeutschen Reiseverkehr und bei der Aussiedlung von Menschen in Richtung Bundesrepublik.

1987 erfüllte sich einer der letzten Wünsche der SED-Führung. Es kam zum Staatsbesuch Honeckers in der Bundesrepublik. Helmut Kohl empfing den Staatsratsvorsitzenden der DDR mit allen protokollarischen Ehren. Die DDR konnte dem Rest der Welt zeigen, dass nun auch die Bundesrepublik die Zweistaatlichkeit anerkannte.

In den folgenden zwei Jahren ging man nun daran, den 40. Geburtstag der DDR vorzubereiten. Man wollte ihn ganz groß feiern und allen zeigen, dass der Sieg des Sozialismus nicht mehr aufzuhalten sei. Es sollte der letzte Geburtstag der DDR werden.

XV. Die Ära Erich Honeckers

EA

Aufgabe 1: a) *Welche Änderungen gab es in der Wirtschaftspolitik nach Erich Honeckers Amtsantritt?*

____

____

____

____

____

b) *Wie beeinflussten diese Änderungen die politische Stimmung der Bürger?*

____

____

____

PA

Aufgabe 2: *Welche Hoffnung hegten viele DDR-Bürger durch die entspannte Lage, welche Ziele hatte der DDR-Staat?*

Bürger: ____

____

____

____

Staat: ____

____

____

____

EA

Aufgabe 3: *Liste auf der Blattrückseite auf, welche gesellschaftlichen und politischen Lockerungen die DDR-Bürger hatten.*

KOHL VERLAG Der Verlag mit dem Baum www.kohlverlag.de

XV. Die Ära Erich Honeckers

EA

Aufgabe 4: **a)** *Warum konnte der versprochene Wohlstand für DDR-Bürger nicht erreicht werden?*

b) *Wie rettete sich die DDR vor dem Staatsbankrott?*

Erich Honecker auf Staatsbesuch im Westen (1987)

PA

Aufgabe 5: *Welche Wirkung hatte der Staatsbesuch von Erich Honecker in der BRD 1987 auf andere Länder?*

EA

Aufgabe 6: *Welche „versteckten“ Gründe könnte Franz-Josef Strauß gehabt haben, die DDR-Regierung vor dem Staatsbankrott zu retten? Liste die Möglichkeiten hier auf.*

XVI. Opposition in der DDR

Die STASI – ein gigantischer Bespitzelungsapparat

Mit der Unterzeichnung des Grundlagenvertrages zwischen beiden deutschen Staaten 1972 kam es zu einer Belebung des Austausches. Hatte die DDR-Regierung ihrer Bevölkerung die Möglichkeit, Westfernsehen zu schauen, nicht verboten, kam es nun zu zahlreichen persönlichen Kontakten. 1970 besuchten noch zwei Millionen Menschen die DDR, so erreichte 1973 die Besucherzahl aus der Bundesrepublik die Acht-Millionen-Grenze. Die Anzahl der Telefonate untereinander stiegen auf 23 Millionen pro Jahr im Jahre 1980 an. Diese persönlichen Kontakte versetzten die DDR-Führung in große Sorge. Sie setzte weiterhin auf klare Abgrenzung und betonte stärker die Zweistaatlichkeit sowie die zwei unterschiedlichen deutschen Nationen, die sich durch die Trennung entwickelt hätten. Diese Propaganda wirkte jedoch nicht bei der eigenen Bevölkerung. Daher setzten die Machthaber auf Bespitzelung, Kontrolle und Verhaftungen. Man schuf das Ministerium für Staatssicherheit, das im Volksmund Stasi genannt wurde. Im Jahre 1989 arbeiteten hier über 100 000 Menschen hauptamtlich, die nichts anderes zu tun hatten, als die eigene Bevölkerung zu überwachen und die Opposition auszuschalten. Hinzu kamen noch tausende „Inoffizielle Mitarbeiter". Dies waren Menschen, die entweder erpresst oder freiwillig für die Staatssicherheit bestimmte andere Menschen überwachten und regelmäßig Berichte darüber verfassten. So kam es zu einer sehr belastenden Situation für die Menschen. Nie konnte man sicher sein, ob man nicht überwacht wurde und somit äußerte man seine Gedanken nur innerhalb der Familie und unter engen Freunden. Nach dem Zusammenbruch der DDR stellte sich aber auch das häufig als Trugschluss heraus. Freunde, Ehegatten und Familienangehörige bespitzelten sich nicht selten untereinander!

PA

Aufgabe 1: *Beantwortet die folgenden Fragen in vollständigen Sätzen. Schreibt in eure Hefte/Ordner.*

a) Mit welchen Ziel wurde die STASI gegründet? Erklärt!

b) Wie funktionierte das STASI-System?

c) Was sind „inoffizielle Mitarbeiter"?

Aufgabe 2: *Recherchiert in Lexika oder im Internet und sammelt Informationen zu den folgenden Punkten:*

- Wie stieg die Mitarbeiterzahl im Ministerium für Staatssicherheit im Laufe der Jahre an?
- Was machten die Beschäftigten der STASI nach dem Mauerfall?
- Findet Infos über einen Fall, in dem eine Person erst durch Akteneinsicht nach dem Mauerfall von ihrer Bespitzelung erfuhr.

Aufgabe 3: *„Das STASI-System hat bespitzelt, und das wusste man. Heute in der BRD wird man auch bespitzelt, nur wissen es die wenigsten." Was könnte mit dieser Aussage gemeint sein? Könnt ihr euch dieser Aussage anschließen oder ist das absoluter Blödsinn? Diskutiert!*

Lernwerkstatt „Deutschland - Teilung und Wiedervereinigung" - Bestell-Nr. 10 852
www.kohlverlag.de

XVI. Opposition in der DDR

Erste Freiheitsbestrebungen in der Bevölkerung

Trotz der Bespitzelung durch den STASI-Apparat konnte man ein Erstarken der Opposition nicht verhindern. Unter dem Schutzschild der Kirchen versammelten sich Menschen, die mit dem System nicht einverstanden waren und für persönliche Freiheit und Demokratie eintraten. Ein Diskussionsprozess über Fragen des Zusammenlebens, des Militarismus und der Umwelt wurde losgetreten und war nicht mehr zu stoppen.

1984 versuchte man dieser Bewegung die Luft zu nehmen und gestattete 31 000 Menschen die Übersiedelung in die Bundesrepublik. Im Jahr zuvor waren es nur knapp 8000.

Die Unzufriedenheit der Menschen stieg jedoch weiter an. Der direkte Vergleich mit dem Westen machte jedem deutlich, dass Luxus und Konsum, Reisefreiheit und Meinungsfreiheit in diesem Staat nicht möglich sein würden.

Die im Staat entstandene Unruhe verstärkte sich mit den Entwicklungen in den anderen sozialistischen Ländern. Zu Beginn der 80er Jahre forderten die Menschen in Polen und Ungarn mehr Freiheit für sich. Es kam insbesondere in Polen zu größeren Aufständen. Die führenden Kommunisten verhängten das Kriegsrecht, um ihre Macht zu retten. Erich Honecker veranlasste eine weitere Abschottung der DDR nun auch in Richtung Osten. Ohne Visum konnte kein DDR-Bürger mehr nach Polen reisen, immer in der Hoffnung, dass diese Freiheitsbestrebung nicht in die DDR „überschwappte“.

1985 kam in der Sowjetunion Michail Gorbatschow an die Macht. Er leitete eine grundlegende Reform des Sozialismus ein und sein Schicksal sollte es sein, dass damit der Untergang dieser Herrschaftsform verbunden war. „Glasnost“ und „Perestroika“ waren die Eckpfeiler seiner Politik. Damit meinte er Offenheit, Transparenz und Informationsfreiheit (Glasnost) sowie die Umgestaltung, den Umbau und die Neustrukturierung des Systems (Perestroika). Sein Ziel war es, das System des Staates diesen Punkten in der Politik anzupassen. Die Einbeziehung der Bevölkerung bei Entscheidungen setzte er gegen den Willen vieler Machthaber durch. Die Menschen in allen sozialistischen Ländern schöpften Hoffnung auf baldige Freiheit. Insbesondere die Bewohner der DDR verfolgten diese Politik mit Sympathie und Zuneigung. Erich Honecker entschied aber, dass er diesen Weg der Öffnung nicht mitgehen werde und es kein Vorbild für die Entwicklung in der DDR sein könne. Die Menschen waren entsetzt und enttäuscht, ließen sich aber immer weniger von ihrem Wunsch nach Freiheit abbringen.

EA

Aufgabe 4: **a)** *Warum gärte es in der ostdeutschen Bevölkerung?*

____

____

____

b) *Wie wollte man diese Bewegung stoppen?*

____

____

____

Lernwerkstatt „Deutschland - Teilung und Wiedervereinigung“ - Bestell-Nr. 10 852
KOHL VERLAG Der Verlag mit dem Baum www.kohlverlag.de

XVI. Opposition in der DDR

EA

Aufgabe 5: *Welche Auswirkungen hatten die polnischen Aufstände für die Bevölkerung in der DDR?*

EA

Aufgabe 6: *„Ohne Visum keine Reise!“*
Was würdest du dazu sagen? Hättest du Verständnis für die Maßnahme der Regierung? Schreibe deine Gedanken in die Blase.

EA

Aufgabe 7: *Beantworte die folgenden Fragen in vollständigen Sätzen.*
Schreibe in dein Heft/in deinen Ordner.

a) Welche Ziele verfolgte Michail Gorbatschow in der Sowjetunion? Erkläre dabei auch „Glasnost“ und „Perestroika“.

b) Warum bedeutet Gorbatschows Veränderung gleichzeitig auch das drohende Ende des Systems?

c) Wie stand Honecker zu Gorbatschows Zielen? Welche Reaktionen löste Honecker mit seiner Haltung in seiner Bevölkerung aus?

d) Das Bild links wurde anlässlich eines Staatsbesuchs Gorbatschows in der DRR während der Begrüßung gemacht. Was soll der Welt diese Geste wohl signalisieren?

Lernwerkstatt „Deutschland - Teilung und Wiedervereinigung“ - Bestell-Nr. 10 852
KOHL VERLAG Der Verlag mit dem Baum
www.kohlverlag.de

XVII. Die friedliche Revolution

„Die Grenze ist offen!“

War der Aufstand der Arbeiter 1953 noch blutig niedergeschlagen worden, konnte sich im Jahr 1989 eine friedliche Revolution gewaltfrei und erfolgreich durchsetzen. Demonstrierende Menschen siegten über die herrschenden Machthaber, die jegliches Vertrauen verspielt hatten. Sie erkämpften sich ihre Freiheit wieder und rissen die innerdeutsche Mauer, die sie in ihrem Land einsperrte, 28 Jahre nach dem Mauerbau nieder.

Der mangelnde Zuspruch zum sozialistischen Weg durch die eigene Bevölkerung, die anhaltenden wirtschaftlichen Probleme und der daraus resultierende Konsumverzicht, die nicht vorhandene Reisefreiheit und die Weigerung der DDR-Regierung Reformen zuzulassen, spitzte die Situation im Jahr 1989 dramatisch zu.

Im Mai 1989 wurden die Grenzanlagen in Ungarn abgebaut. Der Eiserne Vorhang, der Europa Jahrzehnte trennte, bekam einen riesigen Riss. Tausende Menschen der DDR nutzten diese Chance und flüchteten über Ungarn in die Bundesrepublik.

Zeitgleich fanden in der DDR Wahlen statt, die wie bisher durch die Machthaber manipuliert wurden. Durch die veränderte Situation nahmen viele Menschen dieses Ergebnis nicht einfach hin und meldeten ihren Einspruch an. Aus Anlass der Erinnerung der Wahlmanipulation trafen sich mutige Menschen alle vier Wochen zu zaghaften Demonstrationen. Ab September fanden wöchentlich montags Demonstrationen in Leipzig statt, denen sich zunächst einige Tausend anschlossen. Aus dieser Protestbewegung entstanden die Montagsdemonstrationen, die schließlich das Regime in die Knie zwingen sollten. Bereits im Oktober demonstrierten 20 000 Menschen friedlich und forderten mehr Demokratie und uneingeschränkte Reisefreiheiten. Erste Bürgerbewegungen entstanden. So das „Neue Forum“ am 10. September 1989, zwei Tage später „Demokratie jetzt“ und am 7. Oktober gründete sich die „Sozialdemokratische Partei“ in der DDR.

Die Menschen befanden sich in Aufruhr. Diejenigen, die nicht mehr an eine Reform in der DDR glaubten, flüchteten aus dem Land. Es kam zu massenhaften Besetzungen der westdeutschen Botschaften in Warschau, Budapest sowie in Prag. 120 000 Menschen stellten allein im Sommer einen offiziellen Ausreiseantrag. Das sozialistische System brach zusammen, aber die Machthaber wollten den 40. Jahrestag der DDR pompös mit internationalen Gästen feiern. Dies ist wahrscheinlich ein Grund dafür, warum es nicht zur gewalttätigen Niederschlagung der Demonstrationen kam.

Am 17. Oktober sah die SED einzig den Ausweg aus der Krise darin, Erich Honecker zu entmachten und zum Rücktritt aufzufordern. Egon Krenz und Hans Modrow übernahmen die Regierungsgeschäfte. Doch die friedliche Revolution war nicht mehr aufzuhalten. Am 4. November kam es zur größten Demonstration. In Berlin trafen sich über eine halbe Millionen Menschen, um für ihre Forderungen zu kämpfen.

Öffnung der innerdeutschen Grenze

Den endgültigen Sieg errangen die Menschen der DDR am 9. November 1989. In dieser Nacht wurden die innerdeutschen Grenzen geöffnet und jeder konnte sie passieren. In dieser Nacht schlief niemand – es wurde nur gefeiert!

KOHL VERLAG
www.kohlverlag.de
Lernwerkstatt
„Deutschland - Teilung und Wiedervereinigung“ - Bestell-Nr. 10 852

XVII. Die friedliche Revolution

EA

Aufgabe 1: *Wie kam es dazu, dass das System der DDR immer „durchlässiger“ wurde?*

PA

Aufgabe 2: *Recherchiert Informationen zu den berühmten Montagsdemonstrationen. Wie entstanden sie eigentlich? Welche Auswirkungen hatten sie? Erstellt ein Plakat, auf dem ihr die wichtigsten Informationen sammelt.*

Montagsdemonstration in Leipzig am 23.10.1989

EA

Aufgabe 3: **a)** *Wieso wurden die großangelegten Demonstrationen eigentlich nicht einfach mit militärischer Gewalt blutig niedergeschlagen?*

b) *Die Revolution war demnach nicht mehr aufzuhalten. Wieso?*

Lernwerkstatt „Deutschland - Teilung und Wiedervereinigung“ - Bestell-Nr. 10 852
KOHL VERLAG Der Verlag mit dem Baum www.kohlverlag.de

XVII. Die friedliche Revolution

PA

Aufgabe 4: *„40. Geburtstag der Deutschen Demokratischen Republik – Kollaps des sozialistischen Systems!“*
Ironie der Geschichte?! Erläutert die Bedeutung dieser Aussage.

GA

Aufgabe 5: „DIE GRENZE IST OFFEN!!!“

Fragt in eurer direkten Umgebung nach, wie diese sensationelle Nachricht sich in Windeseile verbreitete und wie die einzelnen Personen darauf reagierten. Was waren ihre ersten Gedanken? Tauscht eure Ergebnisse anschließend in der Klasse aus.

EA

Aufgabe 6: *Stell dir vor, du erfährst als Bürger der DDR, dass die Grenze offen sein soll. Was hättest du in diesem Moment getan? Berichte.*

GA

Aufgabe 7: *Wie wurde verkündet, dass die Grenze geöffnet ist? Recherchiert den genauen Ablauf und auch die Rolle der Journalisten (der Presse) an diesem kleinen Wunder.*

XVIII. Die deutsche Wiedervereinigung

Es wächst wieder zusammen, was zusammen gehört!

Wenige Tage nach der Grenzöffnung übernahm Hans Modrow die Regierungsgeschäfte in der DDR. Er strebte eine „Vertragsgemeinschaft“ mit der Bundesrepublik an und bemühte sich um finanzielle und wirtschaftliche Soforthilfe. Eine staatliche Einheit wird in diesen Tagen weder von den Politikern der DDR noch der Bundesrepublik gedacht bzw. gefordert.

Helmut Kohl stellte am 28. November seinen Zehn-Punkte-Plan zur künftigen Deutschlandpolitik vor. Nur mit den USA abgesprochen, überraschte er damit die deutsche und europäische Politik. Nach wirtschaftlichen und finanziellen Sofortmaßnahmen sollte die Zusammenarbeit beim Umweltschutz, die Erweiterung des Telefon- und Eisenbahnnetzes erfolgen. In der nächsten Stufe hätte das Wahlrecht in der DDR geändert werden sollen, um anschließend marktwirtschaftliche Bedingungen zu schaffen. Erst dann würden gemeinsame Institutionen entstehen und nach gemeinsamen Wahlen eventuell ein Staatenbund entstehen können, mit dem Ziel einer deutschen Föderation.

Die politische Entscheidungsmacht in der DDR übernimmt in dieser Zeit der „Runde Tisch“. Hier sitzen alte Machthaber zusammen mit den Vertretern der sich formierenden Opposition. Man verabredet gemeinsam die nächsten Schritte zur Ausarbeitung einer neuen Verfassung und zu Neuwahlen. Im März des Jahres 1990 legten die Mitglieder des Runden Tisches eine eigene Verfassung für die DDR vor. Die Zeit und die Wünsche der DDR-Bevölkerung hatten die politischen Absichten und Vorschläge jedoch schon lange überholt.

Die Menschen gingen noch immer montags auf die Straße. Ihre Forderungen nach Reformen nahmen aber wöchentlich ab. Sie sahen die Zukunft in der Deutschen Einheit. „Deutschland - einig Vaterland“ waren jetzt die Losungen die durch Leipzig, Dresden und Berlin getragen wurden. Man wollte keine Experimente – man wollte die staatliche Einheit, und dies möglichst schnell. Helmut Kohl war einer der ersten deutschen Politiker der dies erkannte und er nutzte diese historische Chance. Bevor aber eine innerdeutsche Einheit hergestellt werden konnte, musste man außenpolitisch dafür werben. Die Bundesrepublik war fest in die NATO und die EG integriert, die DDR in den Warschauer Vertrag. Länder wie Großbritannien, Frankreich, Sowjetunion, Polen und Israel sahen dem Wunsch nach der Deutschen Einheit skeptisch entgegen. Im Februar kam es dann zu den ersten Verhandlungen bei den sogenannten „Zwei–plus-vier Konferenzen“. Als die Sowjetunion diesen Vertrag im Juli als letzte unterschrieben, erreichte Deutschland erstmalig nach dem 2. Weltkrieg seine vollständige Souveränität zurück.

Innenpolitisch wurde bereits im Mai 1990 ein Staatsvertrag zwischen beiden Staaten geschlossen. Dieser wurde nach der ersten freien Wahl in der DDR möglich. Der Vertrag regelte die Währungs-, Wirtschafts- und Sozialunion beider deutschen Staaten. Am 1. Juli wurde in der DDR die D-Mark als Zahlungsmittel eingeführt. Zugleich wurde die soziale Marktwirtschaft und die Sozialgesetzgebung in der DDR den bundesrepublikanischen Regelungen angeglichen.

Am 3. Oktober 1990 feierten die Menschen auf beiden Seiten die Deutsche Wiedervereinigung in einem rauschenden Fest!

Tag der deutschen Einheit

PA

Aufgabe 1: *Recherchiert, was in Helmut Kohls 10-Punkte-Plan genau enthalten war. Erstellt ein Infoplakat, auf dem ihr die wichtigsten Informationen zusammenstellt.*

Lernwerkstatt „Deutschland - Teilung und Wiedervereinigung“ - Bestell-Nr. 10 852
www.kohlverlag.de

XVIII. Die deutsche Wiedervereinigung

EA

Aufgabe 2: *Wie lautete der Wunsch der DDR-Bevölkerung, als die ostdeutschen Politiker sich am „Runden Tisch“ trafen?*

EA

Aufgabe 3: *Warum sind die ehemaligen Siegermächte des Zweiten Weltkrieges der deutsch-deutschen Wiedervereinigung eher skeptisch gegenübergestanden?*

EA

Aufgabe 4: *Ordne die Daten den Ereignissen zu.*

28. Nov. 1989	Runder Tisch legt eigene Vefassung für die DDR vor.
Juli 1990	Verhandlungen bei den Zwei-plus-Vier-Konferenzen.
Februar 1990	Kohls 10-Punkte-Plan
Mai 1990	Sowjetunion unterschreibt den Vertrag für die Souveränität Deutschlands.
März 1990	Innenpolitischer Vertrag zwischen der DDR und BRD.
3. Okt. 1990	Einführung der D-Mark in der DDR.
1. Juli 1990	Fest der deutschen Wiedervereinigung.

EA

Aufgabe 5: *Welche Bedeutung hat der 3. Oktober für dich? Schreibe auf die Blattrückseite.*

Lernwerkstatt
„Deutschland - Teilung und Wiedervereinigung“ - Bestell-Nr. 10 852
KOHL VERLAG Der Verlag mit dem Baum
www.kohlverlag.de

XIX. Die Lösungen

Kapitel 1:

1.) Je nachdem, ob die Deutschen völlig kritiklos der Naziherrschaft gegenüberstanden, empfanden sie die Niederlage im Krieg als schrecklich, da ihre ganzen Ideologien in sich zusammenbrachen. Für sie wurde Deutschland besiegt. Die Menschen, die die Naziherrschaft als Unrecht betrachteten und eventuell sogar unter ihr gelitten hatten, sahen Deutschland mit dem Kriegsende als von den Nazis befreit an.

2.) Wohnungsnot; das tägliche Essen muss besorgt werden (drohende Hungersnot); Kampf um Kleidung (z.B. Winterschuhe); alles war zerstört; Verkehrs- und Transporteinrichtungen waren zerstört; Behörden und Verwaltungen arbeiteten nicht mehr; Strom, Wasser und Gas gab es nur selten; Vermisste Familienangehörige; Flüchtlingsströme aus dem Osten; Krankheiten drohten

3.) Da es ohnehin an allem mangelte (Kleidung, Wohnraum, Nahrung, medizinische Versorgung, Straßen ...), war es nicht einfach, noch mehr Menschen zu versorgen. Man wusste einfach nicht, wohin mit den vielen Heimatlosen.

4.) **a)** Da sich die Sowjetunion auf der einen Seite und die drei westlichen Alliierten in entscheidenden Punkten über die Verwaltung Deutschlands uneinig waren, kam es zur Blockbildung in West und Ost, der „Kalte Krieg" begann.
b) Berlin als symbolträchtige Hauptstadt kam eine Sonderstellung zu, denn mitten in der russischen Besatzungszone wollte man Berlin nicht nur den Russen überlassen. Man teilte die strategisch wichtige Stadt ebenfalls unter den vier Siegermächten in einen sowjetischen Teil und in einen westalliierten Teil ein.

5.) Man nutzte die Kompetenz „sauberer" Deutscher (d.h. deutscher Bürger, die politisch unbelastet waren), um die Alltagsprobleme in den Griff zu bekommen. Hierzu wurden Bürgermeister und Landräte eingesetzt, die das öffentliche Leben in Deutschland regeln sollten.

6.) Die Siegermächte benötigten Platz für ihre Militärverwaltungen, deren Mitarbeiter benötigten Wohnraum. Deswegen wurden intakt gebliebene Wohnungen für den Eigengebrauch beschlagnahmt.

7.) Der „Kalte Krieg" stellte einen Konflikt zwischen den Westmächten unter Führung der USA und dem Ostblock unter Führung der Sowjetunion, den diese von 1945 bis in die 1980er Jahre mit allen Mitteln unterhalb der Schwelle eines offenen Krieges austrugen. Dabei wurden jahrzehntelang auf beiden Seiten politische, ökonomische und militärische Anstrengungen unternommen, bis hin zu Stellvertreterkriegen, um den Einfluss des anderen Lagers weltweit einzudämmen oder zurückzudrängen.

Kapitel 2:

1.) **a)** Deutschlands Infrastruktur war nach dem Krieg weitgehend zerstört, ein öffentliches Leben nahezu unmöglich. Damit das Land nicht im Chaos versinken würde, war es wichtig, nach und nach Provisorien zu schaffen und dafür zu sorgen, die Versorgung der Bevölkerung wieder zu gewährleisten.
b) Die „Weiße Liste" wurde von den Alliierten noch während des Krieges angelegt. In ihr wurden Regimegegner, Demokraten und Kommunisten verzeichnet. Genau diese Nazigegner wurden nach dem Krieg als Unterstützer für die Militärregierung der Besatzer herangezogen.

2.) **a)**

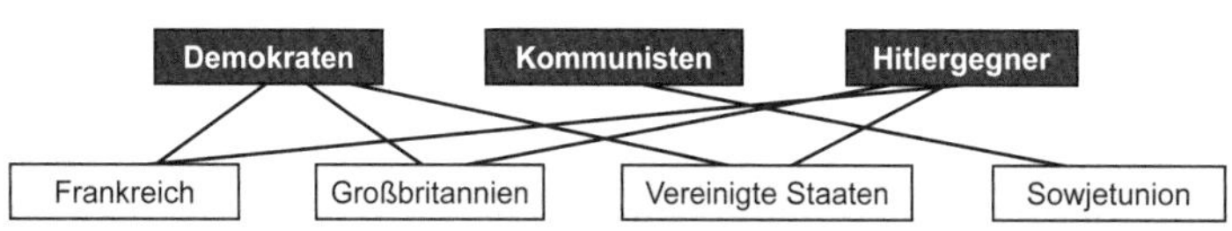

b) Die Sowjetunion wurde nur von kommunistischen Deutschen in der Verwaltung unterstützt (siehe auch „Gruppe Ulbricht").

3.) Kurt Schumacher und die anderen Sozialdemokraten in den westlichen Besatzungszonen lehnten den kommunistischen Kurs strikt ab und grenzten sich auch total von ihm ab.

4.) **a)** Lösung siehe letzter Absatz im Infotext auf Seite 8!
b) Soziale Marktwirtschaft:
<u>Pro</u>: Privateigentum, unternehmerische Anstrengung wird belohnt, Aufstiegschancen, Wettbewerb in der Wirtschaft, Absicherung der arbeitenden Bevölkerung
<u>Contra</u>: keine freie Entwicklung der Wirtschaft, Politik und Wirtschaft blockieren sich gegenseitig

Sozialistische Planwirtschaft:
<u>Pro</u>: staatlich gelenkte Versorgung der Bevölkerung, Grundgedanke der Gleichheit aller Menschen, konsequente Ausrichtung der Wirtschaftskraft, Vermeidung von Überproduktion
<u>Contra</u>: kein Privateigentum, unternehmerische Anstrengung wird nicht belohnt (kein Leistungsanreiz), fehlende Flexibilität der Wirtschaft, fehlende Innovation und daraus resultierende fehlende Wettbewerbsfähigkeit auf dem Weltmarkt

5.) **a)** KPD = Kommunistische Partei Deutschlands
(Wurde 1933 verboten, gründete sich nach dem Krieg mit der SPD als eine der ersten Parteien neu.)
SPD = Sozialdemokratische Partei Deutschlands
(Wurde 1933 verboten, gründete sich nach dem Krieg als eine der ersten Parteien neu.)
CDU = Christlich Demokratische Union Deutschlands
(Sammelbecken für bürgerlich gesinnte Deutsche, man beruft sich auf den christlichen Glauben.)

CDU = Christlich Demokratische Union Deutschlands
(Gründung 1945, Sammelbecken für bürgerlich gesinnte Deutsche, man beruft sich auf den christlichen Glauben und den sozialen Ausgleich.)
CSU = Christlich Soziale Union in Bayern
(Gründung 1946, Sammelbecken für bürgerlich-konservativ gesinnte Deutsche im Bundesland Bayern, Schwesterpartei der CDU, man beruft sich auf den christlichen Glauben und den sozialen Ausgleich.)
FDP = Freie Demokratische Partei
(Gründung 1948 unter dem Vorsitz von Theodor Heuss, zentrales Ziel ist die Stärkung von Freiheit und Verantwortung des Einzelnen, Propagierung von wirtschaftsliberalen Idealen.)
SED = Sozialistische Einheitspartei Deutschlands
(Gründung 1946 aus der SPD und der KPD, eine kommunistisch geprägte Kaderpartei, auch „Staatspartei“ genannt, man sprach von einer Parteidiktatur.)

Kapitel 3:

1.) Man wollte Deutschland von innen heraus säubern und alle Naziverbrecher verfolgen und bestrafen.

2.) Deutschland würde international nur dann wieder eine Rolle spielen, wenn es sich glaubhaft von seinen Verbrechen der Vergangenheit distanzieren würde. Dabei durfte das „neue Deutschland“ keinesfalls erneut von Personen repräsentiert werden, die in der Nazizeit schon eine politische Rolle gespielt hatten. Damit sollte das deutsche Volk zeigen, dass es sich völlig von der Ideologie des Nationalsozialismus lossagte.

4.) Die Entnazifizierung war im Osten noch konsequenter und radikaler als im Westteil Deutschlands. NSDAP-Mitglieder wurden entlassen und oft auch inhaftiert. Allerdings nutzten die Sowjets die Entnazifizierung auch, um unliebsame politische Gruppen wie Sozialdemokraten, Liberale oder Konservative aus dem Weg zu schaffen.

5.) In den westlichen Besatzungszonen teilte ein Fragebogen alle Personen in fünf Kategorien ein. Man wollte zuerst die „leichten Fälle“ aburteilen und anschließend die „schweren Fälle“. Da aber 1948 die Verfolgungen weitgehend eingestellt wurden, kamen viele „schwere Fälle“ ungestraft davon.

6.) Im Osten fehlten zahlreiche Fachkräfte, die für den Wiederaufbau dringend benötigt wurden.
Im Westen wurde durch den Fragebogen ein gigantischer Verwaltungsapparat zur Auswertung benötigt. Da man aber nicht genügend Fachleute zur Bearbeitung hatte, wurde nach und nach die Verfolgung eingestellt, weil der Aufwand einfach zu hoch war.

7.) **a)** Viele der sogenannten „schweren Fälle“, also ehemalige Nazi-Größen oder Personen, die in der Zeit des Nationalsozialismus tatsächlich schwere Verbrechen begangen hatten, bewiesen ihre „Unschuld“ durch verschiedene Schriftstücke, die angeblich nachwiesen, dass sie unschuldig waren. Diese Unterlagen erhielten sie gegen viel Geld.
b) Ab 1947 wurden im Osten etliche Mitläufer rehabilitiert, da man es sich nicht leisten wollte, noch mehr Fachkräfte durch die Entnazifizierung zu verlieren. Im Westen geschah ähnliches ebenfalls schon gegen Ende 1947, da man wieder Normalität erreichen wollte.

Kapitel 4:

1.) Die Deutschen verloren nicht nur ihre Heimat und ihr Hab und Gut, sie mussten sich auch mit den Hass- und Rachegelüsten der Bevölkerung der Siegerstaaten auseinandersetzen, da die Deutschen in Kriegstagen den Siegern gegenüber ebenfalls Verbrechen verübt hatten. So kam es, dass auch etliche Deutsche auf der Flucht zu Opfern wurden.

2.) Geregelt war an der Aussiedlung fast gar nichts. Die Menschen flohen mit dem Notwendigsten, das sie in der Hand oder auf ihrer Karre mit sich nehmen konnten. Auf der Flucht gab es zahlreiche Rache- und Hassverbrechen an den Flüchtlingen.

3.) Deutschland war der Besiegte, die Deutschen galten als die Bösen, als diejenigen, die furchtbares Leid über ganz Europa gebracht hatten. Deutschland war zusammengebrochen, da interessierte es niemanden, ob die Flüchtlinge selbst Opfer des Krieges waren. Deutsche galten als rechtlos, Verbrechen an ihnen wurden direkt nach dem Kriegsende fast nie gesühnt. So wurden sie massenhaft Opfer von teilweise grausamen Verbrechen und verloren sogar häufig ihr Leben. Man rächte sich auf grausame Art und Weise an den Flüchtlingen und alle schauten zu. Es gab einfach zu viele Probleme und Missstände, die gelöst werden mussten. Es gab auch kaum jemanden, der ernsthafte Strafverfolgung gegen die Täter betrieben hätte.

4.) Mögliche Lösung:
Liebe Lisa,
nach den ganzen Strapazen unserer Flucht aus Danzig sind wir nun endlich in einer Gemeinde im Westen Deutschlands aufgenommen worden. Dabei haben wir hier unendliches Glück im Gegensatz zu vielen anderen Vertriebenen! Denn wir sind in der Nähe von Freiburg mitten auf dem Land auf einem Bauernhof untergebracht. Hier sind die meisten Gebäude unzerstört und großen Hunger brauchen wir hier nicht zu befürchten. Die Bauern sind freundlich zu uns. Wir arbeiten aber auch jeden Tag von Sonnenauf- bis Sonnenuntergang mit, egal, was anfällt. Vor einiger Zeit ging es uns bei Weitem nicht so gut! Als wir noch in der Großstadt Stuttgart waren, mussten wir uns mit sieben weiteren Personen einen Raum im Keller eines ausgebombten Hauses teilen. Teilweise hatten wir solchen Hunger, dass wir nachts nicht mehr schlafen konnten. Immerhin hatten wir ein Dach – oder besser

XIX. Die Lösungen

gesagt – eine Kellerdecke über dem Kopf. Aber willkommen waren wir in der Stadt nicht. Dort gibt es viel mehr Elend als in der ländlichen Region und viel zu wenig intakt gebliebenen Wohnraum. Seit wir hier sind, geht es uns erheblich besser! Die Menschen begegnen uns nicht mehr grundsätzlich nur mit Missmut. Wie geht es dir? Wie geht es deiner Familie? Habt ihr genug zu essen? Melde dich bei mir! Deine Katharina.

6.) Durch den Verlust der ehemaligen Ostgebiete konnten nur etwa 35% der erforderlichen Nahrungsmittel produziert werden, die für die Versorgung der gesamten Bevölkerung notwendig gewesen wären. Zudem betrug die Ernte nur etwa 50-60% der erwarteten Menge. Auch die Versorgung mit Kohle zur Energie- und Wärmegewinnung für Industrie und Wohnraum konnte nicht ausreichend gewährleistet werden. Es gab zu wenig Maschinen und noch weniger Fachkräfte zum Abbau der Kohle. Auch die Verteilung funktionierte wegen der zerstörten Infrastruktur überhaupt nicht. Das Schienennetz war weitgehend zerstört und die Wasserwege im harten Winter zugefroren.

7.) Individuelle Lösungen!

8.) Es fehlten die notwendigen Fachkräfte, die zum Abbau erforderlichen Maschinen waren veraltet oder zerstört. Die Verteilung der Kohle im Bundesgebiet funktionierte nicht, da die Infrastruktur Deutschlands weitgehend zerstört war. Selbst die Wasserwege waren blockiert, da der Winter 1946/1947 außerordentlich hart ausfiel und die Wasseradern bei bis zu -30 Grad zufroren.

9.) Individuelle Lösungen!

11.) Schwarzmarkt nennt man den Handel mit Waren, der vom Staat nicht kontrolliert und gebilligt wird. Auf dem Schwarzmarkt werden meistens entweder Bargeschäfte, Faustpfände oder Tauschgeschäfte gemacht. Oft gilt dort auch das Recht des Stärkeren, obwohl es auch auf dem Schwarzmarkt bestimmte Ehrenkodexe gibt. Nach dem Zweiten Weltkrieg waren alle wichtigen Dinge nur gegen Lebensmittelmarken und in viel zu geringen Mengen erhältlich. Deshalb entstand parallel zum staatlich organisierten Markt ein illegaler Markt, auf dem fast alles zu schwindelerregenden Preisen erhältlich war. Erst nach der Währungsreform 1948 verlor der Schwarzmarkthandel an Bedeutung und vieles war durch die öffentliche Marktpreisbildung wieder zu erschwinglichen Preisen in den Läden erhältlich.

12.) **a)** Da es keine feste Währung nach dem Krieg gab, wurden wertvolle Dinge, die man noch besaß, gegen lebenswichtige Dinge getauscht. Es ging ums Überleben. Zigaretten, ein Suchtmittel, waren dabei ein besonders hoch geschätztes Zahlungsmittel.
b) Der Schwarzmarkt bringt dem Staat keinerlei Steuereinnahmen, was der Allgemeinheit im Endeffekt wiederum schadet, da aus den Steuern auch Renten- und Sozialleistungen gezahlt werden. Außerdem fehlen sämtliche auf dem Schwarzmarkt gehandelten Waren auch dem öffentlichen legalen Markt.

13.) Menschen, die lebenswichtige Waren besaßen oder herstellten, konnten die Preise auf dem Schwarzmarkt weitgehend bestimmen, da man diese Dinge zum Überleben benötigte. So wurde beispielsweise mancher Bauer reich und ehemals angesehene Professoren wurden bettelarm.

Kapitel 5:

1.) **1** = 1949 bis 1990 – Es existieren zwei deutsche Staaten (Bundesrepublik Deutschland und Deutsche Demokratische Republik).
2 = seit 1990 – Deutschland nach der Wiedervereinigung.
3 = nach 1945 – Deutschland ist nach dem Krieg in vier Besatzungszonen aufgeteilt. Auch Berlin ist in vier Sektoren aufgeteilt.
4 = vor 1939 – Deutschland vor dem Kriegsbeginn 1939

2.) amerikanische, französische und britische Besatzungszone = Demokratie
sowjetische Besatzungszone = Sozialismus

3.) Winston Churchill wies darauf hin, dass der „Eiserne Vorhang" die systematische Abgrenzung der östlichen von den westlichen Staaten Europas mit der Demokratie als Staatsprinzip zur Folge hatte.

4.) **a)** Die USA befürchtete, dass die Sowjetunion auch die westlichen Besatzungszonen zum Sozialismus bekehren wollte. Dazu hätte auch (wie im Osten üblich) die Verstaatlichung der Schwerindustrie gehört. Die USA setzte auf das Prinzip, mit Arbeit und Fleiß auch entsprechend viel Geld verdienen zu können.
b) Armut ruft immer Unzufriedenheit hervor. Diese Unzufriedenheit wollte die USA schnellstmöglich beseitigen bzw. nicht weiter aufkommen lassen, da der Sozialismus die Menschen durch seine Versicherung, alle hätten das Wichtigste zum Leben, zu überzeugen versuchte. Dem wollte die USA entgegenwirken.

5.) Individuelle Lösungen.

6.) **a)** Der Marshallplan war die Idee eines amerikanischen Politikers, was mit Deutschland nach dem Krieg passieren sollte. Auf den Inhalt dieses Plans konnten sich die Siegermächte schließlich einigen. Auch andere Ideen wurden diskutiert, aber der Marshallplan setzte sich durch, da man der Sowjetunion nicht die Chance geben wollte, sich die alliierten Besatzungszonen einzuverleiben. Eine wichtige Rolle spielte dabei auch, dass man nicht vollständig abrüsten wollte, um einen Puffer in Richtung Sowjetunion zu haben. Der Marshallplan beinhaltete gewaltige Hilfsaktionen, die aus Lebensmitteln, Rohstoffen und anderen wichtigen Gütern bestanden, um der Bevölkerung zu helfen. Auch gewaltige Finanzkredite wurden geleistet, um die Wirtschaft in den westlichen Besatzungszonen wieder in Gang zu bringen.

Lernwerkstatt „Deutschland - Teilung und Wiedervereinigung" - Bestell-Nr. 10 852
KOHL VERLAG Der Verlag mit dem Baum www.kohlverlag.de

XIX. Die Lösungen

b) Man wollte die Währungsfrage in Deutschland lösen und führte im Juni 1948 in den Westzonen sowie in Westberlin die Deutsche Mark ein.

c) Da die Sowjetunion mit der Ostmark auf die Einführung der Westmark reagierte und die Ostmark auch in ganz Berlin haben wollte, was durch die Alliierten verhindert wurde, errichteten die Sowjets eine völlige Blockade der Westsektoren Berlins. Dies markierte den Beginn der Teilung Deutschhlands in einen westlichen und in einen östlichen Staat. Auch in Berlin zementierte sich die Trennung in den West- und Ostteil der Stadt.

d) Mit der Blockade der Stadt schnitt die Sowjetunion die Lieferungen von Nahrung, Heizmaterial und Strom völlig ab. Man wollte dadurch Berlin aushungern und so die westberliner Sektoren aus dem Machtbereich der Westalliierten herauslösen.

e) Die Luftbrücke war die Antwort der Alliierten auf die sowjetische Blockade der westberliner Sektoren. Die Stadt wurde 11 Monate lang permanent von Flugzeugen angeflogen, die lebenswichtige Güter über den Luftweg in die Stadt transportierten. Diese sogenannten „Rosinenbomber" brachten insgesamt 1,5 Millionen Tonnen Lebensmittel, Kohle, Baumaterial u.v.m. nach Westberlin und hielten die Stadt so am Leben, bis die Sowjets die Blockade schließlich doch aufgaben.

8.)

Das geteilte Deutschland	DDR	BRD
ausführlicher Staatsname	Deutsche Demokratische Republik	Bundesrepublik Deutschland
zugehörige Besatzungszonen	sowjetische Besatzungszone und Ostberlin	westalliierte Besatzungszonen und Westberlin
Staatsform	sozialistische Diktatur	Demokratie mit Grundgesetz in der Tradition der Weimarer Republik
erste Führungspolitiker	Wilhelm Pieck, Otto Grotewohl	Theodor Heuss, Konrad Adenauer, Ludwig Erhard
Wirtschaftsprinzip & Eigentumsverteilung	verstaatlichte Wirtschaft mit zentralen Planvorgaben, stark eingeschränktes Privateigentum	soziale Marktwirtschaft, Schutz des Privateigentums, Staat lässt Wirtschaft weitgehenden Freiraum mit dem Recht des korrigierenden Eingreifens

9.) Das Grundgesetz ist die rechtliche und politische Grundordnung der Bundesrepublik Deutschland. Sie wurde im Jahre 1949 ausformuliert, enthält alle fundamentalen Grundrechte und gilt als die Verfassung unseres Landes. Das Grundgesetz wird zwar stets weiterentwickelt, es wird jedoch streng darauf geachtet, dass stets die Grundrechte jedes Einzelnen gewahrt und gesichert werden.

10.) Da der Staat propagierte, dass alle gleich seien und alles allen gehöre, wurde zahlreiches Privateigentum zwangsverstaatlicht, um es zentral zu verwalten und zu verteilen. Auch Industriebetriebe wurden zwangsverstaatlicht, um die Planwirtschaft umsetzen zu können.

Kapitel 6:

1.) Egal, welche Entscheidung vom Politbüro getroffen wurde, es wurde immer der Wille der SED durchgesetzt. Walter Ulbricht hatte schon früh die alleinige Macht für die SED ausgebaut. In der SED war Ulbricht die unangefochtene Führung und er als Präsident des Staates hatte die anderen Parteien zurückgedrängt. Die SED war als Führungspartei auf staatlicher Ebene vollständig alleine gesichert.

2.) Die DDR setzte auf ein stalinistisches System. Man baute die Schwerindustrie aus und vernachlässigte die Nahrungsproduktion, die Güter des täglichen Bedarfs und Luxusartikel. Der Fünfjahrplan aus den Jahren 1951-1955 verschärfte die Probleme des Durchschnittsbürgers weiter, denn die Schwer- und Energieindustrie wurde massiv ausgebaut, während die Bereitstellung täglicher Bedarfsgüter noch stärker zurückgefahren wurde. Zusätzlich erhöhte man die Arbeitszeiten und den Arbeitsdruck. Selbstständigen Unternehmern machte man das Leben schwer und die Bauern zwang man dazu, ihr Land an Gemeinschaftsbetriebe abzugeben.

3.) **a)** Walter Ulbricht war als Präsident des Staates darauf bedacht, die Macht der SED politisch zu sichern. Andere Parteien wurden unterdrückt und spielten bald keine Rolle mehr. Die SED hatte die Unterstützung der Sowjetunion und konnte mit deren Unterstützung Parteigegner und politisch Andersdenkende unterdrücken.

b) Nachdem die SED den Fünfjahrplan umgesetzt hatte und damit auch Arbeitszeiten sowie Arbeitsdruck auf die „Normalarbeiter" erhöht hatte, flohen immer mehr Menschen Richtung Westdeutschland. So flohen zahlreiche junge, leistungsfähige Menschen, Facharbeiter, gut ausgebildete Ärzte und Ingenieure, die für die Wirtschaft der DDR dringend benötigt wurden, in den Westteil Deutschlands. Der Arbeiteraufstand wurde vom russischen Militär brutal niedergeschlagen.

XIX. Die Lösungen

4.) Fünfjahrpläne wurden vom Staat aufgestellt und enthielten Zuweisungen von Fonds bzw. Ressourcen und Vorgaben für zu erbringende Produktion und Dienstleistungen sowie die Festlegung von Investitionen, Preisen und Löhnen.

5.) Tag der Aktivisten; Tag der Befreiung; Tag der Nationalen Volksarmee; Tag der Republik (DDR); Sonntag, der dem 15. Januar am nächsten liegt – Gedenktag zu Ehren von Karl Liebknecht und Rosa Luxemburg (Ermordung am 15. Januar 1919); 2. Sonntag im Februar – Tag der Werktätigen des Post- und Fernmeldewesens; 11. Februar – Tag der Zivilverteidigung; 15. Februar 1958 – Gründung des CIMA, Internationales Komitee der Kinder- und Jugendbewegung beim WBDJ; 3. Sonntag im Februar – Tag der Mitarbeiter des Handels; 1. März – Tag der Nationalen Volksarmee; 7. März – Tag der Gründung der Freien Deutschen Jugend; 8. März – Internationaler Frauentag; 17. März – Weltschifffahrtstag; 21. März – Internationaler Tag für die Beseitigung der Rassendiskriminierung; 23. März – Welttag der Meteorologie; 17. März – Welttheatertag; 7. April – Weltgesundheitstag; 2. Sonntag im April – Tag des Metallarbeiters; 12. April – Internationaler Tag der Luft- und Raumfahrt, Tag der jungen Techniker und Naturforscher; 18. April – Internationaler Denkmaltag; 21. April – Tag der Gründung der Sozialistischen Einheitspartei Deutschlands; 23. April – Welttag des Buches; 24. April – Internationaler Tag der Jugend und Studenten gegen Kolonialismus und für die friedliche Koexistenz; letzter Sonntag im April – Welttag der Partnerstädte; 1. Mai – Internationaler Kampf- und Feiertag der Werktätigen; 8. Mai – Jahrestag der Befreiung vom Faschismus; Weltrotkreuztag; 9. Mai – Tag des Sieges der Völker der UdSSR über den Hitlerfaschismus; 10. Mai – Tag des freien Buches; 17. Mai – Weltfernmeldetag; 18. Mai – Internationaler Museumstag; Freitag vor Pfingsten – Tag der Jugendbrigaden seit 1978; 1. Juni – Internationaler Kindertag; 5. Juni – Weltumwelttag; 12. Juni – Tag des Lehrers; 2. Sonntag im Juni – Tag des Eisenbahners; Tag der Werktätigen des Verkehrswesens; 16. Juni – Internationaler Tag der Solidarität mit dem Kampf des Volkes von Südafrika – „Sowetotag“; 3. Sonnabend im Juni – Tag der Werktätigen der Wasserwirtschaft; 3. Sonntag im Juni – Tag der Genossenschaftsbauern und Arbeiter der sozialistischen Land- und Forstwirtschaft; 22. Juni 1941 – Beginn des „Großen Vaterländischen Krieges“ der UdSSR nach Einmarsch deutscher Truppen; 4. Sonntag im Juni – Tag des Bauarbeiters; 1. Juli – Tag der Deutschen Volkspolizei; 1. Sonntag im Juli – Tag des Bergmanns und des Energiearbeiters; 18. Juli – Tag der Internationalen Brigaden; 2. August 1945 – Unterzeichnung des Potsdamer Abkommens durch UdSSR, USA und Großbritannien; 7. August 1952 – Gründung der Gesellschaft für Sport und Technik; 1. September – Weltfriedenstag; 8. September – Internationaler Alphabetisierungstag; 2. Sonntag im September – Internationaler Gedenktag für die Opfer des faschistischen Terrors und Kampftag gegen Faschismus und imperialistischen Krieg. Siehe auch Opfer des Faschismus; 3. Sonnabend im September – Tag der Werktätigen des Bereiches der haus- und kommunalwirtschaftlichen Dienstleistungen; 1. Oktober – Weltmusiktag; 9. Oktober – Weltposttag; 13. Oktober – Tag der Seeverkehrswirtschaft; 16. Oktober – Welternährungstag; 3. Sonnabend im Oktober – Tag der Werktätigen der Leicht-, Lebensmittel- und Nahrungsgüterindustrie; 24. Oktober – Tag der Vereinten Nationen; 7. November – Tag der Oktoberrevolution; 2. Sonntag im November – Tag des Chemiearbeiters; 10. November 1945 – Gründung des WBDJ – Weltjugendtag; 3. Sonntag im November – Tag des Metallurgen; 17. November – Internationaler Studententag; 29. November – Internationaler Tag der Solidarität mit dem palästinensischen Volk; 1. Dezember – Tag der Grenztruppen der DDR; 11. Dezember – Tag des Gesundheitswesens; 13. Dezember 1948 – Pioniergeburtstag, Tag der Gründung der Pionierorganisation „Ernst Thälmann“; 30. Dezember 1922 – Gründung der UdSSR; 30. Dezember 1918 – Gründung der KPD

6.) Mit der Anbindung der DDR an den Ostblock und den „Warschauer Vertrag“ musste man, um in Ruhe leben zu können, mit der SED einig sein und sie unterstützen. Zu diesem Zweck wurde eine Propagandawelle für den SED-Staat veranstaltet. Um den neuen „sozialistischen Menschen“ zu gestalten, wurden neue Feste ins Leben gerufen und alte Bräuche und Feste abgeschafft. Immer mehr Menschen sahen sich in ihrer Freiheit bedroht und flohen. Um diese Flucht zu unterbinden und die Abgrenzung zum Westen zu sichern, wurde die Mauer gebaut.

7.) Die jungen Kommunisten waren mit Ulbrichts Führung nicht einverstanden, sie standen ihm sehr skeptisch gegenüber. 1971 erhielten die Kommunisten unter Erich Honecker die Genehmigung aus Moskau, Ulbricht abzusetzen.

8.) **a)** Im Militärbündnis „Warschauer Pakt“ unter Führung der Sowjetunion.
b) Diese Zeit wurde zur politischen Säuberung genutzt, denn Ulbricht ließ Andersdenkende verhaften.
c) Es wurde gegen Jeans, auffällige Frisuren, Popmusik und andere „westliche Einflüsse“ vorgegangen.

Kapitel 7:

1.) Das Volk wählt bei einer Bundestagswahl ein Parlament, das sich aus gewählten Repräsentanten der einzelnen Wahlkreise Deutschlands zusammensetzt. Dieses Parlament wird später die wichtigsten politischen Entscheidungen treffen. Die Wahl findet nach demokratischen Grundsätzen statt, die gewählten Personen repräsentieren das Volk und treffen alle Entscheidungen für das Volk und im Namen/Auftrag des Volkes. Die Regierung wird vom Parlament kontrolliert, ebenso der Regierungschef.

2.) Der Staat ist dazu verpflichtet, die Menschenwürde nach seinen Möglichkeiten zu garantieren und zu sichern. Diese Garantie ist ein unabdingbarer Schutz für die Schwächeren in unserer Gesellschaft.
Die Menschenrechte schützen die Bürger vor Misshandlung und stellen so sicher, dass es keine „Folter“ gibt.
Die Grundrechte sind die Grundlage für alle Gesetze und die Rechtsprechung, d.h. dass die Grundrechte, egal ob vor Gericht oder im Umgang mit der Polizei, immer erhalten bleiben.

3.) Mai 1949: Adenauer verliest als Präsident des Parlamentarischen Rates das neu geschaffene Deutsche GG.
September '49: Adenauer wird zum Bundeskanzler gewählt.
1952: Wiedergutmachungsabkommen mit Israel; Unterzeichnung des Deutschlandvertrages; Unterstützung und Förderung des privaten Wohnungsbaus
1955: Eintritt der Bundesrepublik Deutschland in das militärische Westbündnis der NATO
1963: Adenauer gibt das Amt des Bundeskanzlers ab

4.) Die NATO ist eine internationale Organisation. Sie setzt den Nordatlantikvertrag, ein militärisches Bündnis europäischer und nordamerikanischer Staaten, um. Die Mitglieder verpflichten sich, Konflikte friedlich zu beseitigen und ihre Beziehungen untereinander freundschaftlich zu halten. Die westlich-liberale Gesellschaftsordnung mit ihrer politischen, ökonomischen, sozialen und kulturellen Sichtweisen sind die Grundlage für eine demokratische Zusammenarbeit. Sollte ein Mitglied angegriffen werden, verpflichtet der Vertrag die übrigen Mitgliedsstaaten zur sogenannten kollektiven Selbstverteidigung. Die Aufgaben der NATO haben sich seit der Gründung verändert. Während des Kalten Krieges sicherte die NATO die Freiheit und Sicherheit der Mitglieder durch Abschreckung, Aufrüstung und ständige Abwehrbereitschaft. Nach dem Fall der Mauer und der Aufsplitterung der UDSSR haben sich die Mitgliederzahlen und die Aufgaben der NATO verändert. Ehemalige Warschauer-Pakt-Staaten gehören heute zur NATO. Terrorbekämpfung und weltweite Friedenssicherung sind heute die Hauptaufgaben.

5.) Die DDR war von der Sowjetunion geprägt und allein dadurch musste sie schon anti-westlich eingestellt sein. Die Streitigkeiten zwischen Ost und West (Kalter Krieg) ließen nach einem Eintritt in die NATO keine Vereinigung Deutschlands zu.

6.) Flüchtlinge aus der DDR und den ehemaligen ostdeutschen Gebieten mussten zusätzlich zur „normalen" Bevölkerung untergebracht werden. So entstanden auch zahlreiche Sozialwohnungen für die breite Masse der Bevölkerung.

7.) **a)** Die zentralen Gebote waren Freiheit, Wettbewerb und Leistung.
b) Der Staat hatte die Kontrollfunktion. Er überwachte den Wettbewerb und sorgte für soziale Gerechtigkeit. Er erließ Gesetze (auch die Reform der Rente) und sorgte für eine starke Währung.

8.) **a)** Der Teil der Bevölkerung, der in einem Arbeitsverhältnis steht, zahlt fest geregelte Beiträge in eine Rentenkasse ein. Diese wird dann in entsprechenden Anteilen (in Abhängigkeit von der Anzahl der Arbeitsjahre) an die Rentner ausgezahlt.
b) Das deutsche Rentensystem hat ein Liquiditätsproblem, da es immer weniger Geburten in Deutschland gibt. Wegen der viel zu niedrigen Geburtenrate stehen viel zu wenig Beitragszahler einer stets wachsenden Anzahl von Rentnern gegenüber. Die Bevölkerungsstruktur in Deutschland entwickelt sich in Form einer umgedrehten Pyramide. Verschärft wird dieses Problem noch zusätzlich durch die steigende Lebenserwartung, denn ein Durchschnittsrentner bezieht heute viel länger Rente vom Staat als vor einigen Jahrzehnten. All diese Faktoren haben dazu geführt, dass heute zwei Arbeiter einen Rentner zu versorgen haben (früher war das Verhältnis 4 zu 1). Das gegenwärtige Rentenmodell ist, wenn sich an der Bevölkerungsstruktur nichts Grundlegendes ändert (z.B. eine deutlich steigende Geburtenrate), langfristig nicht mehr funktionell, da riesige Finanzlücken entstehen werden.

9.) Die Soziale Marktwirtschaft funktioniert, indem der freie Markt erhalten wird, aber gleichzeitig für einen sozialen Ausgleich gesorgt wird. Der freie Markt funktioniert nur dadurch, dass es mehrere Firmen gibt, die gleiches oder ähnliches anbieten. Deshalb herrscht hier eine Wettbewerbssituation. So wird Leistung gefordert und Einkommen sowie Gewinn nach der erbrachten Leistung verteilt. Der Staat sichert diesen Wettbewerb und animiert seine Bürger zu selbstständiger Arbeit. Der soziale Ausgleich fängt die Problemfälle des freien Marktes auf. Arbeitslosigkeit und unsoziale Auswirkungen durch den Wettbewerb oder zu viel wirtschaftliche Macht werden vom Staat durch seine Sozialpolitik abgefangen (Arbeitslosengeld, Hartz IV, Waisenrente ...). Ziel ist eine gute soziale Absicherung bei gleichzeitig größtmöglichem Wohlstand.

Kapitel 8:

1.) Verbesserungen des Lebens der Arbeiter; freie Wahlen und Freiheit; die Mittelschicht musste zusätzliche Steuern bezahlen; Ausbau der Schwerindustrie zu Lasten der Nahrungs- und Konsumindustrie; Engpässe in der täglichen Versorgung; Erhöhung der Arbeitsnorm um 10 Prozent.

2.) Durch das System der DDR und den sich stetig verschlechternden Lebensbedingungen flohen immer mehr Menschen aus der DDR. Eine Möglichkeit, auf demokratischer/politischer Ebene den Unmut zu äußern war nicht möglich, daher flohen die Menschen (mit ihren Füßen), was auch eine Form der Abstimmung darstellte.

3.) und **4.)** Individuelle Lösungen.

5.) Kriegsrecht bedeutet, dass das Militär die Führung im Land übernimmt und durch Militäreinsätze den jeweiligen Willen der Militärführung durchsetzt. Das kann von der Herstellung des Friedens und der öffentlichen Ordnung bis zur blutigen Niederschlagung von Aufständen reichen.

6.) Walter Ulbricht baute seine Macht weiter aus und festigte sie. Das System wurde immer enger. Politisch gab es keine Möglichkeit mehr, als mit dem System einverstanden zu sein oder sich eben unauffällig zu verhalten.

Kapitel 9:

1.) Man wollte verhindern, dass zu viele Leute flohen (vor allem gut ausgebildete Fachkräfte, die dringend benötigt wurden, um einen wirtschaftlichen Kollaps der DDR zu verhindern).

2.) Die DDR wäre ohne gute Fachkräfte in einigen wirtschaftlichen wichtigen Bereichen nicht mehr leistungsfähig und daher auf wirtschaftliche Hilfe von außen angewiesen gewesen (eventuell sogar von westlichen Ländern).

3.) Da die Situation ohnehin sehr angespannt war, wollte man keine Eskalation, die wieder zu einem Krieg führen könnte.

XIX. Die Lösungen

4.) **a)** und **b)** Individuelle Lösungen.
c) Verwandte/Freunde im Westen; Abneigung gegen die DDR-Politik; Politische Verfolgung; Fehlende Zukunftsperspektiven; Angst vor dem „eingeschlossen sein“; fehlende Bindungen im Land ...

5.) Individuelle Lösungen.

6.) Individuelle Lösungen.

Kapitel 10:

1.) Die Maschinen in den Betrieben waren veraltet, der Betriebsablauf oft durch Einschränkungen geprägt. Die Arbeitsabläufe waren nicht optimal, weil es durch fehlende Rohstoffe und Bauteile zu Leerläufen kam. Die Motivation der Arbeiter war gering, da die Entlohnung niedrig war und es keinen Anreiz für Mehrarbeit gab.

3.) Nur die sogenannten „Vorzeigebetriebe“, die man dem Volk und dem Ausland präsentierte, konnten mit dem westlichen Standard mithalten.

5.) Das bedeutete, dass diese Person nicht mit der Politik der DDR einverstanden war und sich nicht freiwillig mit ihr identifizieren wollte. So bekam diese Person kein Visum, da sie den Urlaub womöglich zur Flucht hätte nutzen können.

7.)
- Man musste durch Zufall an ein besonderes Angebot kommen, um sich dort dann in die Schlange der Wartenden einzureihen und zu hoffen, dass man noch etwas davon abbekam.
- Man betrieb Tauschhandel.
- Man kaufte für Westgeld oder sehr viel Ostgeld im Intershop oder in Exquisitläden.

9.) Individuelle Lösungen.

Kapitel 11:

1.) Nachdem mehrere Generationen an Erwachsenen auf beiden Seiten über Jahre hinweg verfeindet waren, hielt man es für enorm wichtig, eine junge Generation ohne Vorurteile einander anzunähern und Freundschaften entstehen zu lassen.

2.) Er reagierte auf die Wirtschaftskrise mit einem strikten Sparprogramm und verschärfte so die Situation ungewollt noch mehr.

3.) Die große Koalition ist der Zusammenschluss der beiden größten Parteien CDU/CSU und SPD, um gemeinsam eine Regierung zu bilden.

4.) Willy Brandt, als Politiker beliebt, schuf zwei Konjunkturprogramme mit, die die Wirtschaft wieder ankurbelten. Die SPD, als ein Teil der Koalition, und auch Willy Brandt vermittelten der breiten Masse der Bevölkerung durch den Wirtschaftsaufschwung ein Gefühl der Sicherheit. Nach der Wahl 1969 wurde die große Koalition von der SPD und FDP abgelöst. Brandt wurde Bundeskanzler.

5.) Unter einem Konjunkturprogramm versteht man wirtschaftspolitische Maßnahmen, die zum Ziel haben, Konjunkturschwankungen einzudämmen und das Wirtschaftswachstum wieder ins Gleichgewicht zu bringen. Mögliche Steuerinstrumente der Konjunkturpolitik sind die Geldpolitik, die Fiskalpolitik und die Steuerung der Einkommen.

6.) Individuelle Lösungen.

7.) Die Regierung konnte 90 % der Abgeordneten in der großen Koalition hinter sich bringen. Die Opposition bestand demnach nur noch aus 10 % und hatte gar keine Chance, Regierungsentscheidungen zu beeinflussen.

Kapitel 12:

1.) Die große Koalition ist an der Macht und bringt fast 90 % aller Abgeordneten des Deutschen Bundestages hinter sich. Die restlichen 10 % der Oppostion haben keinerlei Handlungsmacht.

2.) Es gibt keine Opposition zur Regierung; Die Frage nach dem Sinn des Lebens; Auseinandersetzungen mit der nationalsozialistischen Vergangenheit; Ablehnung traditioneller Lebensformen und Verhaltensmuster; Auflehnung gegen Autorität, Leistung und Konsum; Widerstand gegen den Vietnamkrieg; Suche nach dem Weg zwischen Kapitalismus und Kommunismus

3.) Individuelle Lösungen.

4.) **a)** Individuelle Lösungen.
b) Die Situation eskalierte, gewalttätige Aktionen gegen den Axel Springer Verlag und Universitäten waren die Folge.

6.) Willy Brandt forderte eine Gesellschaft mit mehr Freiheit, aber auch mit mehr Mitverantwortung (das heißt mitdenken, mitentscheiden, mitverantworten).

7.) Die Partei „Die Grünen“ entstand zum Teil aus Bürgerinitiativen mit Bewegungen gegen Atomkraft sowie die Friedens- und Frauenbewegung.

8.) Individuelle Lösungen.

XIX. Die Lösungen

Kapitel 13:

1.) **a)** Vor Willy Brandt war man davon ausgegangen, dass die BRD das legitime Land sei, die DDR und ihre Ostgrenzen nur vorübergehend sein könnten und dass sich die Ostpolitik des Kommunismus wieder dem Westen annähern würde (sich anpassen würde).
b) Willy Brandt wollte zuallererst den Frieden in Europa sichern. Konfrontationen waren seiner Meinung nach zu vermeiden, denn die Bürger eines Landes (z.B. der DDR) würden ihr Land mit der Zeit von innen heraus verändern und dem Westen annähern. Es würde nur eine langfristige Lösung der Politik der kleinen Schritte sein.
c) Da Brandt Konfrontationsabbau wichtiger war als die deutsche Einheit und die alten Ostgebiete, wurde er als „Verzichtpolitiker" gesehen.

2.) Ein Grundlagenvertrag legt die unterzeichneten Staaten auf Einhaltung der vertraglich festgelegten Punkte fest. (Beispiel: Anerkennung aller europäischen Staaten und deren Grenzverläufe.)

3.) **a)** Individuelle Lösungen.
b) Es war eine Ehrerweisung, die als Symbol für Annäherung und Verständigung um die Welt ging.

5.)

Grundlagenvertrag	
Folgen für die Bürger	Folgen für die DDR-Führung
Reiseerleichterungen Arbeitserleichterungen für Journalisten mehr Reisetätigkeit Bild der jeweiligen Lebensverhältnisse realistischer Veränderungswünsche (vor allem bei den DDR-Bürgern)	Die DDR-Regierung musste erste Oppositionsbemühungen unterdrücken, die oft auch durch die Veränderungen der Denkweise über westliche Lebensverhältnisse hervorgerufen worden waren. In der DDR fand ein Umdenken einiger Bürger statt und damit ein Wandel von innen. Der Staat wurde infrage gestellt.

Kapitel 14:

1.) Hans-Dietrich Genscher forderte Einschnitte in das soziale Netz und trat für Entlastungen der Wirtschaft ein.

2.) Weil der Computer durch Einschnitte in die Arbeitswelt noch mehr Arbeitsabläufe automatisiert und dadurch auch Arbeitsplätze überflüssig werden lässt. Außerdem verändert der Computer durch fortschreitende Technisierung auch unser gesamtes Alltagsleben.

5.) Die Westmächte und die Bundesrepublik Deutschland sahen sich gezwungen, darauf zu reagieren. Im Jahre 1983 wurden sie in der BRD stationiert.

6.) Individuelle Lösungen.

7.) Die Menschen können nun ohne Personenkontrollen an den Grenzen in Mitgliedsstaaten des Schengener Abkommens reisen. Auch der Gütertransfer zwischen den einzelnen Staaten wurde vereinfacht.

8.) Individuelle Lösungen.

Kapitel 15:

1.) **a)** Man wollte Wirtschafts- und Sozialpolitik gleichermaßen entwickeln. Der Lohn sollte erhöht werden, Rentenzahlungen gesteigert, Arbeitszeiten verkürzt und es sollten kostenlose Arztbesuche eingeführt werden.
b) Die SED war beliebter als je zuvor und genoss Zustimmung, das veranlasste die Regierung zu weiteren Öffnungen.

2.) Bürger: Hoffnung auf freiheitlichen, demokratischen Sozialismus; Hoffnung auf alternative Lebensweisen; mehr Selbstbestimmung (z.B. bei den Jugendlichen); Westfernsehen; Reisefreiheit; mehr kulturelle Aktivitäten; Freiheit; freies Schriftstellertum
Staat: keine Freiheit für die Bürger; Bestimmungsrechte; Anerkennung als eigenständiger Staat

3.) - Man gängelte die Jugend nicht mehr so stark.
- Man ließ alternative Lebensweisen zu.
- Westfernsehen wurde geduldet.
- Zensur von Kultur und Schriftstellertum wurde gelockert.

4.) **a)** Die Wirtschaft brachte keine Gewinne, da die Fabriken und Betriebe ineffektiv arbeiteten und keine Gewinne zuließ. Zudem musste nach Planvorgaben gearbeitet werden und es war kaum Verantwortungsbewusstsein und Engagement vorhanden.
b) Es wurden Milliardenkredite von westdeutschen Banken aufgenommen.

5.) Durch den Empfang in der BRD mit allen protokollarischen Ehren sah es für die restliche Welt so aus, als würde die BRD die Zweitstaatlichkeit akzeptieren und die DDR als rechtmäßigen unabhängigen Staat anerkennen.

XIX. Die Lösungen

6.) Für den Kredit könnte sich die BRD-Regierung Lockerungen für DDR-Bürger erhofft haben (z.B. die Erleichterung im innerdeutschen Reiseverkehr und bei der Aussiedlung der ausreisewilligen DDR-Bürger in Richtung BRD).

Kapitel 16:

1.) **a)** Mit der Unterzeichnung des Grundlagenvertrages zwischen der BRD und der DDR steigen die persönlichen Kontakte zwischen den beiden Seiten rasant an. Dies versetzte die DDR-Führung in Sorge, man befürchtete wachsende Begehrlichkeiten und dass man gegen das System aufbegehren könnte. Um die Menschen mit Westkontakten und politischer Uneinigkeit genauer beobachten zu können (und dies gegebenenfalls zu stoppen), wurde die STASI ins Leben gerufen.

b) Etwa 100 000 Menschen überbachten die Bevölkerung ständig und schalteten damit Oppositionsbewegungen aus. Zusätzlich gab es tausende „inoffizielle Mitarbeiter", die freiwillig mitmachten oder unter Zwang durch die STASI zur Kooperation gezwungen wurden.

c) Inoffizielle Mitarbeiter waren Menschen, die von der STASI erpresst und zur Mitarbeit gezwungen wurden. Es gab auch inoffizielle Mitarbeiter, die freiwillig andere bespitzelten und darüber Berichte verfassten.

4.) **a)** Die Menschen waren mit dem System nicht einverstanden, sie wollten die Freiheit und die Demokratie weiter ausgebreitet haben.

b) Man gestattete 31 000 Menschen im Jahre 1984 die Übersiedlung in die BRD, weil man meinte, damit einen Großteil der Unzufriedenen losgeworden zu sein.

5.) Honecker wollte den DDR-Bürgern keine Möglichkeit der Nachahmung und Inspiration zu solchen Aufständen geben, daher gestattete er keine Reisen mehr ohne Visum.

6.) Individuelle Lösungen.

7.) **a)** Michail Gorbatschow wollte die Entscheidungen der Bevölkerung miteinbeziehen. Glasnost (Offenheit, Transparenz, Informationsfreiheit) und Perestroika (Umgestaltung, Umbau und Neustrukturierung) waren die Eckpfeiler seiner neuen politischen Ausrichtung.

b) Diese politische Öffnung ermutigte die Menschen, sich immer stärker gegen das kommunistische System aufzulehnen. Sie gab ihnen erstmal die Möglichkeit der Mitbestimmung.

c) Honecker wollte die politische Öffnung nicht auf die DDR übertragen, er rief dadurch in der DDR-Bevölkerung Entsetzen und große Enttäuschung hervor. Der Wunsch nach Freiheit wurde immer stärker.

Kapitel 17:

1.) Der Eiserne Vorhang, der Europa jahrzehntelang trennte, war in Ungarn gefallen. Zahlreiche DDR-Bürger nutzten diese einmalige Chance, über den Umweg Ungarn in die BRD zu fliehen. Westdeutsche Botschaften in Warschau, Budapest und Prag wurden von fliehenden DDR-Bürgern besetzt.

2.) Die Montagsdemonstrationen entstanden aus Anlass der Erinnerung der Wahlmanipulation und fanden zunächst nur alle vier Wochen statt. Sie fanden immer mehr Teilnehmer in der Bevölkerung.

3.) **a)** Der 40. Jahrestag der DDR sollte pompös mit internationalen Gästen gefeiert werden, da wären blutige Unruhen kein schöner „Beischmuck" gewesen.

b) Weil aus den ersten kleinen Demonstrationen immer größere wurden. Immer mehr mutige Menschen schlossen sich den friedlichen Demonstrationen an, zuletzt waren es Hunderttausende.

4.) bis **7.)** Individuelle Lösungen.

Kapitel 18:

2.) „Deutschland - einig Vaterland!" – Die DDR-Bevölkerung wollte ein wiedervereintes Deutschland unter einer demokratischen Führung.

3.) Polen wurde von den Deutschen überfallen, Israel erinnerte sich an die unzähligen Opfer des Holocaust. Großbritannien, Frankreich und andere Siegermächte fürchteten ein Wiedererstarken Deutschlands wegen der langjährigen militärischen Geschichte des Landes. Ein gewachsenes, neues und mächtigeres Deutschland weckte schnell alte negative Erinnerungen. Man fürchtete die wirtschaftliche Stärke und hatte Angst, der große Nachbar könnte erneut zur Bedrohung werden (was in der Historie stets der Fall gewesen war).

4.) <u>Zusammengehörende Paare</u>:

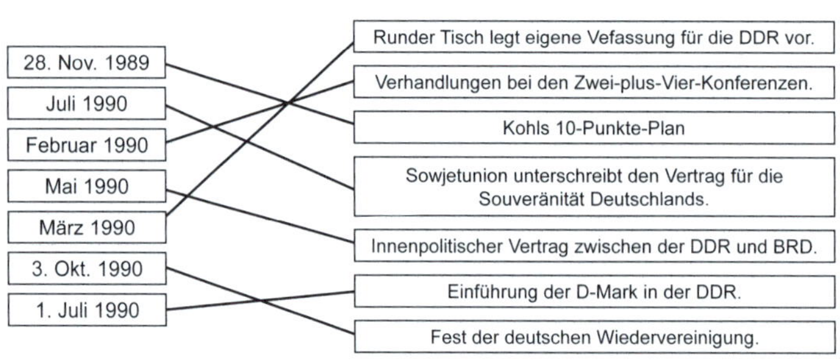

KOHL VERLAG Der Verlag mit dem Baum www.kohlverlag.de